NONGYE JIXIEHUA
YANJIU RENWUJUAN

中国农业机械化协会●编著

农业机械化研究

人物卷

黄河出版传媒集团
阳光出版社

图书在版编目（CIP）数据

农业机械化研究. 人物卷 / 中国农业机械化协会编
著. -- 银川：阳光出版社，2019.12（2020.9重印）
　ISBN 978-7-5525-5171-6

　Ⅰ. ①农… Ⅱ. ①中… Ⅲ. ①农业机械化－中国②农
业机械化－专业技术人员－生平事迹－中国 Ⅳ. ①S23
②K826.16

中国版本图书馆CIP数据核字（2020）第004729号

NONGYE JIXIEHUA YANJIU RENWUJUAN

农业机械化研究 人物卷　　中国农业机械化协会　编著

责任编辑　马　晖
封面设计　赵　倩
责任印制　岳建宁

黄河出版传媒集团
阳光出版社　出版发行

出 版 人　薛文斌
地　　址　宁夏银川市北京东路139号出版大厦（750001）
网　　址　http://www.ygchbs.com
网上书店　http://shop129132959.taobao.com
电子信箱　yangguangchubanshe@163.com
邮购电话　0951-5014139
经　　销　全国新华书店
印刷装订　北京东方宝隆印刷有限公司
印刷委托书号　（宁）0018364

开　　本　787 mm×1092 mm　1/16
印　　张　22.25
字　　数　220千字
版　　次　2019年12月第1版
印　　次　2020年9月第2次印刷
书　　号　ISBN 978-7-5525-5171-6
定　　价　218.00元

沁園春　雪

北國風光，千里冰封，萬里雪飄。望長城內外，惟余莽莽；大河上下，頓失滔滔。山舞銀蛇，原馳蠟象，欲與天公試比高。須晴日，看紅裝素裹，分外妖嬈。

江山如此多嬌，引無數英雄競折腰。惜秦皇漢武，略輸文采；唐宗宋祖，稍遜風騷。一代天驕，成吉思汗，只識彎弓射大雕。俱往矣，數風流人物，還看今朝。

毛澤東

出版本书是研究农业机械化问题的一个尝试。

2016年中国农机化协会创建了先农智库，做了一些收集资料和研究工作，每年出版《农机化研究文选》。在这些研究工作中加深了一个认识：无论采取什么发展策略和手段，无论怎样解决发展难题，人都是根本。研究和推动农机化发展，必须关注人。尤其要关注和研究亿万农机使用者，在农机化发展中，他们创造了一个又一个发展奇迹，厥功至伟。

目前做得远远不够。

2019年为纪念毛主席"农业的根本出路在于机械化"著名论断发表60周年，全国三大行业协会、两大学会联合举办了"中国农业机械化发展60周年杰出人物评选"活动，把大家的目光聚焦到活跃在60年历史舞台的人物上，是一件有深远意义的好事。美中不足的是关注的热点似乎集中于农机装备研究与制造，农机管理和使用一线工作的杰出人物入选很少，发人深思。我们认为，推动中国农业实现机械化的最终决定因素是亿万农机使用者，但时至今日他们并没有得到足够的关注，我们深感这不是件可以忽视的小事。这不仅仅因为中国农机化协会是他们的代言人，

还因为我们是"武器决定论"的异议者。因此，在资料零散，研究基础薄弱的情况下，依然坚持编纂这本《农业机械化研究——人物卷》，以事及人，以人说事。期待唤起对农机化发展规律更全面的关注和思考。

《人物卷》收集了数百位农机化领域耕耘者的故事和人物简介。通过文字描述和图片展现他们崇高的精神、纯粹的人品和忘我工作的形象。时间跨度大，记述事件多，人物层次丰富，许多内容是原创或首次正式发表，历史沧桑和时代气息并蓄，具有品味和收藏价值。我们也深知，这本书作为一个探索和开端，素材选择和文字运用等方面难免会有错误和不足。

相对于中国农业机械化70年发展史，《人物卷》记录的内容仅仅是沧海一粟。随着研究工作的深入，我们会把《农业机械化研究——人物卷》持续做下去，把研究工作中遇到的人和事记录下来，载入史册。

刘宪

目录

人物略传

RENWULÜEZHUAN

人物卷 ○一

NONGYE JIXIEHUA YANJIU

崔英

崔英，1930年生，中共党员。1963年毕业于吉林工业大学农机专业，先后在农林部、农机部、农牧渔业部及吉林省农机部门工作，1984年任吉林省农机实验鉴定站（吉林省农机化研究所）站长（所长）。工作期间，崔英组织实施的重大科研、推广、试验鉴定项目数百项，其中"链轨拖拉机拆装车的研究"获国家飞龙奖，"小型轮式拖拉机拆装工具的研究"获国家二等奖；组织编纂《东方红-54/75拖拉机发动机大修后离合和调试规模》《Ⅱ号泵修后调试工艺》等；组织制定《全国农村农机维修点管理办法》《农业机械修造企业成本核准办法》等行业管理文件；组织编写《农业机械修造企业会计培训教材》《农业机械修造企业培训教材》；撰写并发表《农机修理情况调查报告》《农机维修服务》等文章数十篇。

脚踏实地　崔英

　　崔英，是一个非常踏实肯干的人，他的朴实谦和也使人觉得他就如同一位邻家大叔一般，亲切和蔼，平易近人。

　　在农机化这个领域工作的 40 多年，在农机维修、使用管理领域，崔英取得了很多成就，做出了很大贡献。在多年农机管理中他积累了丰富的实践经验，有系统广博的专业基础理论知识和专业技术知识，在生产和技术管理工作中取得了显著的成绩。

不驰于空想，不骛于虚声

　　在业务工作上，崔英始终勤勤恳恳，任劳任怨。"戒骄戒躁少说空话，任劳任怨多干实事"是崔英工作的真实写照。在吉林省农机化研究所主持工作期间，为了更好地调动广大科技人员及后勤人员的积极性，他利用上班和业余时间，自己动手制订了"六二二"分成方案，对全所每个人逐一落实奖励金额。由于分配合理，奖励得当使全所人员都很满意，调动了全所工作人员积极性。秋天，天高云淡，茂密无边的高粱、玉米、谷子地里，此唱彼应地响着秋虫的唧令声，就是在 1985 年这样的深秋季节，崔英深入到 3 个县和 12 个乡指导秋翻地工作，为各地区改善土壤、加深耕层、消灭病虫害、清除杂草奠定了播种丰收的基础。

　　在农机修理科研管理方面，1981—1983 年，他提出或选定科研项目 122 项，在农机修理工艺、修理技术标准、检测仪器、拆装工具、修理专用设备以及新技术与新材料等方面取得了一批具有推广价值的科研成果。例如，《链轨拖拉机拆装车的研究》项目荣获国家飞龙奖，《小型轮式拖拉机拆装工具的研究》荣获国家二等奖。

在农机修理技术推广方面，1981—1983年，崔英组织了30多项农机修理与旧件修复新技术、新工艺、新材料在农机修理中的应用，并在全国的组织推广中取得了很好的成果。例如，在江苏南通地区，在1982年5月至12月8个月的时间里，他用清洗剂代替柴油清洗农机维修中的零部件，节约柴油约429吨，节约费用约561 380元。

以笔作锄，耕文之田

崔英自任职以来撰写了许多论文与著作，他所做的调查报告与提出的合理化建议等也多次被国家有关部门认可采纳。崔英组织编纂了《东方红−54/75拖拉机发动机大修后离合和调试规模》《Ⅱ号泵修后调试工艺》等多篇技术资料，组织制定了《全国农村农机维修点管理办法》《农业机械修造企业成本核准办法》等行业标准，组织编写了《农业机械修造企业会计培训教材》《农业机械修造企业培训教材》，撰写并发表《农机修理情况调查报告》《农机维修服务》等文章数十篇。这些呕心沥血之作，其实是"成如容易却艰辛"的。我们今天仍然能从这些文字中去感受崔英的博学与思想。

大智者必谦和，大善者必宽容

在思想作风上，崔英思想作风正派，严格要求自己，从不搞任何形式的特殊化。1984年崔英刚到吉林省农机化研究所时，住在研究所的集体宿舍，王文汉，1955 年 10 月生，河南省禹县人，1974 年 4 月参加工作，1978 年就读于北京农机化学院内燃机设计与制造专业，1982 年毕业后分配到国家农牧渔业部农业机械化管理局工作。1987 年 1 月调农牧渔业部农机化服务站（后改为农业部农机化技术开发推广总站）工作，历任技术推广部主任、技术推广处处长、体系建设处处长、培训交流处处长等职，2000 年 12 月获得国家农业技术推广研究员任职资格。2003 年 10 月 25 日因病医治无效在北京逝世，享年 48 岁。王文汉任职期间，曾被评为农业部农业机械化系统科技先进工作者，负责的"池塘养鱼机械化技术试验示范和大面积推广"项目获农业部科学技术进步二等奖，发表的主要论著及重要技术报告包括《农业机械化技术推广项目介绍》《1984 年农机化技术推广工作回顾》《适应新形势，改革农机化技术推广工作》《农户笼养鸡技术》《推广小型风力发电机等技术介绍》《农机化适用技术推广手册》《如何运用交往和推广理论改善中国农机化技术推广》《丰收计划农机化项目验收办法》《农牧渔业"丰收计划"管理办法》等。王文汉为人朴实、待人诚恳，对工作认真负责、勤勤恳恳、兢兢业业，长期从事农机化技术推广工作，在农机化专业领域有深厚的造诣，作为专家参与过一系列国家重大推广项目的研究、论证和组织实施工作，撰写并出版了多部科学论著、科普读物、技术推广培训教材，为推广农机化技术、促进农业发展做出了很大贡献。

拓荒者　王文汉

　　王文汉，是一个低调踏实，却又勤奋敬业，敢想敢做的人。无论是担任农机化新技术的工程师，还是参与推广项目的实际工作，起草制定有关农机推广工作的法规性文件与重要文稿，王文汉都尽全力去履行自己的职责，取得了显著成就。

（一）

　　王文汉在任工程师期间，认真履行职责，主持和参加完成了 1988 年以来国家和部属重大新技术推广农机化项目部分的推广任务。王文汉所在的农业部农机化技术推广总站是部属的专职农机化技术推广单位，王文汉所在的处室具体承担着列入国家和部推广计划的有关农机化项目的推广实施任务。

随着农村经济体制改革的不断深化和农村各业生产的发展，技术推广工作对我国农业发展攀登新台阶的作用日益显著，党和政府对农业科技推广工作的重要性也越来越重视，并提出了"依靠科技振兴农业"的重大战略决策。农机化技术推广作为整个农业科技推广工作的组成部分理所当然地担负着振兴我国农业的重任。但是，农机推广工作在整个农业技术推广工作中又是比较薄弱的一个部分，体系建设、队伍状况、工作条件、经费来源等都不相称于担负的责任，王文汉作为技术推广部主任，深知自己肩负的任务重大，困难很多，为了开展好业务并尽最大努力带领全室同志齐心协力完成农机化新技术推广工作，几年来他所在的部室圆满完成了国家和部一系列重大推广计划中的农机推广项目任务。他主持和参加完成的主要推广任务包括：1988 年到1991 年的国家农牧渔业"丰收计划"农机化项目的实施任务；1992 年农机化"丰收计划"项目的计划编报和任务分解落实工作；列为国家计委"国家重点新技术推广项目计划"的 1989—1990 年及"八五"前 3 年推广计划项目的组织编制、论证立项，任务落实与实施期间检查管理。

1982—1988 年，王文汉主持的农机化新技术重点推广项目曾得到国家经委、国家计委等有关部门的大力支持，一大批新技术项目列入了国家重点新技术推广计划和国家重大科技新成果推广计划，有效地推进了农机推广工作的蓬勃发展。到了 1988 年因机构职责调整、科技体制改革深化等客观原因，农机推广只剩了"丰收计划"大面积综合性技术推广及部局支持的试验示范项目计划，许多经试验示范显现出来的适宜在大范围内推广的单项新技术因此受阻。王文汉作为部室主任，为尽快打破这种局面以保证新技术普及运用，王文汉和部室其他同志一道深入到农业生产一线调查了解，掌握第一手材料。与此同时，他主动向有关领导部门宣传介绍新技术和农民需求情况，争取了他们的理解和支持。在充分掌握技术与需求信息的前提下，王文汉根据国家农业发展政策和有关要求，从大量的技术项目中选择最能代表农机技术推广工作的内容，于 1988 年 11 月执笔完成了《农村种养业增产机械化综合技术》国家重大推广项目立项建议书的全套材料，随后部农机化司按照部统一要求组织来自大专院校、科研院所、农机农业推广及科技管理部门的 20 余位专家教授对该项目进行了全面论证并通过，送交国家有关部门申请立项。国家计委于 1989 年正式批复并列入"国家 1989—1990 年重大新技术推广项目计划"，拨专款支持在全国范围内推广应用。接受任务后，在时间急、人手少的情况下，王文汉及时组织近 20 个省、自治区、直辖市及计划单列市的农机推广承担单位选点，落实任务，签订合同，制定技术规范和实施方案，做到了当年项目当年落实、当年推广，项目整个内容到 1990 年均按照要求全面完成了任务，精良播种、秸秆还田等子项内容还获得了部省科技进步奖励。

（二）

　　王文汉积极参加推广项目的实际工作，提高自身业务知识水平，承担的项目都取得了很好的成绩。他所参与组织实施与推广管理的农机化项目包括"武陵山区科技扶贫农机化推广项目"和"农业部农机化新技术重点试验示范项目"等推广计划。为了帮助我国目前还存在的部分老少边穷困难地区的农民去掉贫穷落后的帽子，王文汉所在的单位开始重点扶持武陵山区一带的农民发展生产，并通过各项科技投入进行扶贫。根据要求，王文汉组织所在部室着手编制"科技扶贫农机化推广项目"，为能使有限的经费用在实处，切实发挥出作用，先后组成两个调研小组赴贵州铜仁、湖南湘西、四川等地区进行实地了解，王文汉也到了武陵山区的德江、沿河、彭水等贫困县调研，在此基础上，编制并实施 3 年的扶贫推广项目计划，从 1988 年到 1990 年共安排了近 20 个小项目，有增加粮食产量的玉米地覆膜盖机械化技术等，也有开发利用山区土特产品资源的烘干实用技术，还有帮助边远山区农户家庭解决生产生活用电的微小型水力发电装置技术。由于这些项目技术成熟实用，又符合贫困地区特点，因此收到了良好的社会经济效益，在贫困山区得以推广。

　　在王文汉从事农机化技术推广工作中，他不仅主持和组织了一系列推广项目的实施工作，还能深入到生产一线参加到具体的项目推广中去。他作为"池塘养鱼机械化技术试验示范和大面积推广"项目的主要承担人，直接参加了池塘养鱼现状和渔机使用情况调研项目可行性论证报告，编制试验大纲，机具选型、不同产量、不同养殖规模的机具配套方案，制定农户和集体不同规模的推广技术方案及实施办法，参加了养殖现场数据观测采集，完善修改了面上推广的技术模式，通过组织现场会，经验交流会带动了大面积推广应用。由于这个项目技术措施可行，推广方法得当，应用面积大，社会经济效益显著，于1988年8月被部科技委员会评为农业部科技进步二等奖。1988年开始，王文汉和本室的同志还参加了"贵州武陵山区名贵中药材——天麻机械烘干及综合开发利用"联合开发项目，首开了新技术推广与生产实体结合的尝试，为贫困的武陵山区农民扩大种植天麻增加收入创造了条件。

（三）

任职期间，王文汉完成了许多有关农机化技术推广工作的法规性文件、领导讲话、重要文稿的起草工作，为技术推广实行科学化、规范化管理尽到了自己的职责。1983年8月他总结整理了机械打暗洞技术、饲料青贮机械化技术、池塘养鱼机械化技术、谷物收获机械化技术、机械药浴技术、机械化少耕技术等要点，并编辑成《农业机械化技术推广项目介绍》一书。同年，王文汉作为池塘养鱼机械化技术推广课题主要承担者，获得1985年顺义县和北京市农机局科技进步二等奖，获得1986年北京市农机局一等奖。1985年其撰写的《1984年农机化技术推广工作回顾》与《适应新形势，改革农机化技术推广工作》均发表于《农机化技术推广通讯》1985年第二期，《农户笼养鸡技术》和广播稿发表于《农业科技要闻选编》第二册，《推广小型风力发电机等技术介绍》发表于《中国农业年鉴》1985、1986年两卷。1988年其主持的"农村种养业增产机械化综合技术"项目，作为1989年国家重点新技术项目在全国组织实施。1989年，王文汉主编撰写了《农机化技术推广项目和工作经验汇编》第一集，1990年发表《"八五"期间全国农机化技术推广十大项目》，1991年主编《农机化适用技术推广手册》，1993年发表《如何运用交往和推广理论改善中国农机化技术推广》，1992年参与完成《中国农机化技术推广体系》。2000年，王文汉完成了农业部申报国家计委《机械化农业节本增效工程建设规划》的修改及典型租户材料的编制，主持并主笔起草了《农业机械化发展"十五"计划和2015年规划》的专题《农业机械化技术推广服务体系建设发展"十五"计划和2015年发展规划（草案）》，整理编写了《农技推广机制创新典型百例》（农业出版社出版）农机化一章中的20份典型材料，编写了《农业机械化》一书。2001年，王文汉作为主要起草人参加了部计划司和农机化司组织的《保护性耕种技术立项建议书》。2002年，他又参与了农业部和财政部《农业科技示范场建设》有关管理办法的修改，同年，其撰写的《结合农业结构调整委托推进农村饲养业机械化发展》被《中国农机化报》刊登。

2003年秋，王文汉离开了他钟爱的事业和家人，享年48岁。

逝者如斯。有些人，有些事，历经岁月洗礼，变得更加深刻。王文汉为农机化事业做出的贡献不会随着时间的流逝被遗忘。他的努力和坚持，不因经历风霜而褪色，他的执着和坚定，终将为后辈的楷模。

　　徐文兰，女，1935 年 12 月生，安徽省桐城县人，中共党员。1959 年毕业于南京农学院农业机械化分院，高级工程师。曾任农业部农机化管理司、质量标准司司长，并兼任农业部妇女委员会主任。她注重农业机械化理论和工作思路的研究，她发表的讲话、撰写的文章，刊登在《人民日报》《农民日报》和《中国农机化报》等多种农业、农机报刊计 100 多篇。她在"'95 国际农机学术讨论会"上发表的《中国农业机械化的发展思路》论文，观点新颖，在国内外有较大的影响。她撰写的《发挥农机优势，促进农业再上新台阶》和《转变观念、创新思路——关于社会主义市场经济条件下推进农业机械化的思考》两篇文章被全国报纸理论宣传研究会等单位评为优秀论文，载入《中国改革发展文库》一书。其中，《转变观念、创新思路》一文被中国发展研究理论丛书、中国当代社科研究丛书编委会等单位分别授予优秀科研创新论文一等奖、优秀学术成果特等奖。她还精心组织和指导农机化管理系统的同志创新思路，不断改革，摆脱困境，开拓工作新局面，为农业机械化事业的发展做出了较大的贡献。先后被评为部级先进工作者、"三八"红旗手，并获中央国家机关"巾帼建功标兵"光荣称号。

领军人　徐文兰

徐文兰，是曾经的农机领头人，她站在农村改革的时代前沿，挑起农业机械化改革发展的重担，靠着"兴农机、强农机"的强烈责任感，无所畏惧地面对困难和挑战，团结带领全系统的同志积极探索、真抓实干，不断开拓农机化管理工作新局面。

挥斥方遒，引农机化改革方向

徐文兰十分注重农业机械化理论的研究和工作思路的创新。农村改革以来，她通过发表讲话、撰写文章，引导农业机械化的改革与发展。其中《农业机械化发展的回顾与展望》《中国农业机械化发展思路》《发挥农机优势促进农业再上新台阶》《转变观念、创新思路——关于社会主义市场经济条件下推进农业机械化的思考》《规模经营为农业机械化提供了新机遇》《农民农机技术培训工作要走出一条新路子》《农机监理面临五大变革》《农业节本增效工程是工作思路的创新》等，分别刊登在《人民日报》《农民日报》和《中国农机化报》等10多种农业、农机化报刊上，对指导农机化管理工作的改革和发展发挥了重要作用。她在"'95国际农机学术讨论会"上发表的《中国农业机械化的发展思路》论文，在国内外有较大的影响。她撰写的《发挥农机优势，促进农业再上新台阶》和《转变观念、创新思路——关于社会主义市场经济条件下推进农业机械化的思考》两篇文章被全国报纸理论宣传研究会等单位评为优秀论文，载入《中国改革发展文库》一书。《转变观念、创新思路》一文还被《中国发展研究理论丛书》《中国当代社科研究丛书》编纂委员会等单位评为优秀科研创新论文一等奖、优秀学术成果特等奖，并收录在《以德治国理论与实践》《学习和实践"三个代表"的楷模》等书中。

率先改革，探索农民农机培训新路

不经历巨大的困难，就不会有伟大的事业。农村改革初期，随着联产承包责任制的普遍推行，大量的农业机械分散在千家万户，农民农机培训原有的办学形式、管理机制等旧的模式显得不再适应，因此，县农机校的学员来源显著减少，培训任务普遍"吃不饱"，国家拨给的经费也逐年减少，培训工作不景气，有些农机校人员思想涣散，有的学校甚至被撤销或被其他部门接管，农民农机培训工作面临困境。

她作为当时农机培训处的领导，感到压力很大。出于对农业机械化事业的热爱和工作责任感，她告诫自己，全国1800多所农机校，是农民学习拖拉机和各种农业机械的使用、维修和管理的基础阵地，这个阵地一定要巩固，农机培训工作一定要发展，教师队伍一定要稳定。在部、局的领导下，她通过深入基层调查和多次召开会议，和大家一起研究农机培训工作面临的新情况、新特点、新问题，率先在农机化管理系统进行农民农机培训工作的改革。

一是从解决思想认识入手，纠正"农机到户，培训无路"的思想倾向，提出了农民农机培训工作要牢固树立"立足农业，面向农村，服务农民"的指导思想，以农为主，为农林牧副渔业和社队企业培训各种机械的使用、管理、维修人员。

二是在总结各地经验的基础上，推行了一些改革措施，归纳为"四个改变""三个结合""一个保证"。"四个改变"是：改变单一集中培训方式为形式灵活多样；改变单纯培训拖拉机手为广开学路；改变统一分配名额为公开招生；改变无偿培训为有偿培训。"三个结合"是：农机培训与农机安全监理工作相结合；农机培训与农机用油的分配供应相结合；农机培训与农机人员的职称晋升、定级晋级相结合。"一个保证"是：保证培训质量。

三是组织制定了《全国县级农业机械化学校章程》和《先进县级农机校、先进教师的评比条件和评比办法》，开展了全国自下而上的评比和大区检查核实，并由部授予"农机培训先进单位"和"县级农机校先进教师"称号，予以表彰奖励。

通过初步改革，步履艰难的农民农机培训工作探索出一条新路子，走出了困境，出现了新的转机，稳住了阵地，加强了县农机校规范化建设和管理，调动了教师的积极性，为农民农机培训工作进一步改革和发展奠定了基础，也使农机化管理工作的全面改革有了良好的开端。

精心组织，开拓农机化发展新局面

发展在于创新，智慧源于探索。1994 年，由于机构改革、部门职能调整，加上原油、成品油流通体制的改革，农用平价柴油被取消，农机市场疲软，基层农机管理服务工作被削弱，农机化管理工作面临着严峻的考验，在这个困难时刻，她从质量标准司调回农机化司任司长，挑起了分量不轻的"农机头"的重担，虽已年近退休，但她"强烈的事业心不减，开拓创新的精神不减，力争上游的干劲不减，关心同志的热情不减"。她在《中国农机化报》上发表了《青山遮不住 毕竟东流去》的讲话，号召农机化管理系统的同志，认清面临的新旧体制转换中的困难，要大家把思想和工作真正转到社会主义市场经济的轨道上来，要有勇气、有决心攻克难关，以良好的业绩赢得各级领导和各个方面对农机工作的重视和支持。她坚信，农业机械化的前景是"春风杨柳万千条"，无限光明。

徐文兰认真探索农机化发展的新路子，从适应社会主义市场经济发展和农村经济发展的要求出发，提出了农业机械化工作要坚持一个指导思想，抓好三项重点，树立四个观念，更新工作思路。即农业机械化要为农村经济发展战略目标服务的指导思想；抓好农机化宏观管理、农机服务体系建设和实施农业节本增效工程三项重点工作；树立全局观念、市场经济观念、宏观管理观念、经济效益观念，并在如何发挥农机优势，为农业上台阶做贡献等方面提出了一系列新思路。针对全国农机化管理工作存在的问题，她要求各级农机化管理部门把农业机械化的发展置于农业、农村经济的大环境中去考虑，找准自己的位置。要紧紧围绕两大目标，选准发挥农机装备的优势和农业、农村经济的最佳结合点，从而形成了一系列比较完整的农机化管理工作新思路。她还加强对全系统工作的指导，通过组织调查研究、召开会议、加大宣传等多种形式，使全系统同志认清形势、坚定信心、振奋精神、明确任务、转变观念、更新思路，推动农机化管理工作度过困难时期。

　　1995 年农业机械化发展形势转好，出现了全国性的"农机热"。农民购买使用农机的热情十分高涨，农业机械尤其是小型拖拉机在一些省出现供不应求的情况，大中型拖拉机、联合收割机销售量同比增幅较大。《农民日报》1995 年 7 月 5 日登载了《当前农机热探源》，《经济特刊》12 月 15 日登载了《农机缘何又火爆》，当日中央台作了广播。究其原因，从总体上说，"农机热"

是我国经济发展的结果，是农业、农村经济发展和农民收入提高的结果，也和徐文兰的精心组织指导，农机化管理系统的同志解放思想、转变观念、同心同德、努力奋斗分不开。

由于徐文兰在工作中有强烈的事业心和开拓创新精神，有善于团结同志、严于律己的优秀品质，有为中国农业机械化事业奉献的业绩，先后被评为农业部先进工作者、"三八"红旗手，并获中央国家机关"巾帼建功标兵"的光荣称号。《中国农机化报》《中国农机化》杂志分别以题为《恋恋不舍农机情》《倾情于农机化事业》，报道了她为农业机械化事业开拓创新的业绩。她在社会上也享有较高的声誉，其传略被《中国农机系统名人录》《中国当代创业英才》《中国当代著作家大辞典》《中国世纪专家》《中华名人大典》《世界优秀人才大典》《世界优秀专家人才名典》等10多种辞书收录。

"巾帼不让须眉，红颜更胜儿郎"——无论是探索农机化培训新路子，抑或是开拓农机化发展新局面，徐文兰始终不忘初心、敢于担当、砥砺前行。人生的价值最宝贵的便是可以为自己的理想而奋斗，可以为自己的抱负而拼搏，可以为广大的人民群众而努力。徐文兰干农机、爱农机，终身立志于此。在30多年的时间里，她努力地工作着、奉献着、追求着，为农业机械化的改革和发展，做出了较大的贡献。纵然，青春易逝，年华易老，然而岁月留痕，理想不灭，徐文兰用"半边天"的精神和不断进取的踏实工作，谱写了一曲时代女性敢于奋斗、敢于奉献的先锋之歌。

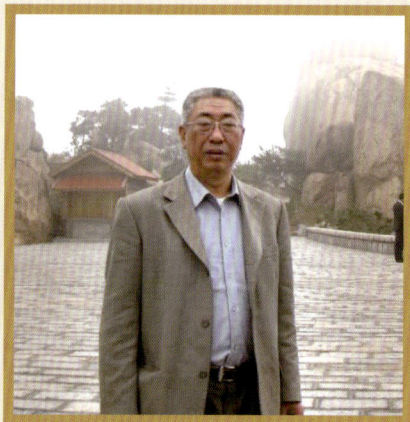

张铁军，回族，1950年1月生，河北盐山县人，中共党员。1978年毕业于吉林工业大学农业机械工程系系农业机械专业，2009年去世，享年59岁。任职期间，张铁军先后在宁夏、北京工作，1987年在宁夏回族自治区农机鉴定推广站被评聘为工程师，先后任农机化室主任、副站长，分管全站业务工作，主抓推广及农机区划等软件研究项目；1990年3月，张铁军被调至农业部农业机械化技术开发推广总站，任综合计划室主任，参与和承担多项国家级项目工作。1986年参与编写的《对我区小型农业机械的选型与推广意见》获宁夏回族自治区农业机械学会三等科技优秀论文，1987年所发表的《犁用碳铵施肥机的设计与研究》获全国播种机械情报网优秀科技成果证书，1990年所主持的水稻小弓棚育苗及培育壮秧移植栽培技术推广获宁夏农牧厅农业科技推广成果一等奖；2001年张铁军荣获全国农业科技先进工作者称号。

鞠躬尽瘁　张铁军

从宁夏到北京，从技术岗位到领导岗位，张铁军始终坚守信念。一滴水，滋润一寸土地便是甘露；一线光，照亮一寸黑暗便是太阳。而一个人，无论在哪里，始终默默无闻坚守自己的职责，便值得人们驻足仰望。

宁夏：农机化技术项目的设计者

张铁军原在宁夏工作，1987 年在宁夏回族自治区农机鉴定推广站被评聘为工程师，一开始任农机化室主任，后任副站长，分管全站业务工作，主抓推广及农机区划等软件研究项目。1986—1988 年，张铁军任"犁用施肥机联合研制组"组长，主持研制了与小四轮拖拉机悬挂双铧犁配套的 2fl-2 型犁用碳铵深施机，承担整机方案和关键部件排肥器设计以及组织样机试制、测试等工作，该机已通过省级科研新产品鉴定，并在最先使用、推广量最大的宁夏平罗县获科技进步一等奖；1985—1989 年，张铁军参与完成"水稻小弓棚苗及培育壮秧移植栽培技术"项目，该技术针对日本引进的"工厂化育秧及机插技术"设备投资大、技术复杂、不易推广的问题，根据当地自然环境、农艺条件，由农机、农艺部门共同研究成功。张铁军在该项目中参与育秧小弓棚设计，并参与主持了第一个"小弓棚育秧、机插试点村"的工作，该技术的推广为宁夏扩大机插面积，提高水稻生产水平具有积极的促进作用，获宁夏"七五"农业科技推广成果一等奖；1988 年他参与了"宁夏河套农业开发"前期设计工作，主笔起草《实施方案（农机部分）》；1988 年 6 月，张铁军被抽调到宁夏农业厅项目办，先后参加了联合国粮援项目"固原地区开发治理"和欧共体援助项目"宁夏灌区中低产田改造示范"的设计、评估准备等前期工作，主要承担机械化治理施工方案设计、编写项目文件、参加评估谈判（农机方面）和组织样板田施工等工作，其参与的两个项目均获批准，现已实施。

北京：农机化推广体系的建设者

1990 年 3 月，张铁军被调至农业部农业机械化技术开发推广总站工作，任综合计划室主任。1990—1993 年，张铁军参加起草了《中华人民共和国农业技术推广法》，他作为农业部"推广法起草小组"成员之一，参加了先后 10 稿文本的调研、协商、起草、讨论、征询、修改等全过程工作，现大法已颁布实施。1991—1993 年，他参加了联合国开发计划署（UNDP）援助的"CPR-88-084 农机化示范"项目工作，该项目农业部农机化技术开发推广总站牵头执行，张铁军参加了引进设备技术考察（菲律宾、韩国水稻生产技术及机具），主笔起草考察报告，并承担设备引进管理等工作。1991—1995 年，张铁军又参与了全国"丰收计划"农机化项目及"化肥深施"等推广项目工作，主要参与项目的立项、落实、组织实施、检查验收等，其中 1992—1993 年度项目涉及其所在单位的业务由张铁军主抓，这些项目在全国各地的实施都取得了显著的经济效益和社会效益。

在北京工作期间，张铁军参加和承担了许多农机化推广体系建设方面的工作。1992—1995 年，他参与起草了《县级农机推广机构建设规范》，在调研和起草工作中，设计了现状调查表，提出工作方案，参加调研，主笔起草修改了《县级农机推广机构建设规范》文本共 6 稿。1994 年，他又参加了国务院部署的"农业技术推广体系基层组织情况紧急调查"，作为农业部派出 8 个调查组之一的"农机组"成员，他参加了调查和汇报，并主笔起草了本组《调查报告》，这一工作为有关政策的出台提供了很好的依据。1995 年他又主持草拟了《农机化推广系统"九五"投资规划》，对省、地、县三级重点单位的建设提出了具体目标，对农机推广体系建设和发展都起到了积极的促进作用。张铁军1996年被国家科委评聘为评审专家，参与了"国家级科技成果推广计划"1994年度和1996年度推广项目的评审工作，其中，张铁军任1996年度农业机械工程项目评审专家组（农4组）组长。与此同时，张铁军还参与和承担了许多站内业务工作的管理，1991年他起草主持了《技术岗位责任制》，1994年起草主持了《职工年度考评管理办法》，为站内业务工作的管理规章和制度起到了很好的规范作用；1994年他草拟1991—1996年度的全站工作总结和工作计划；编制全站《"九五"业务工作规划》和《"九五"基建规划》；1993—1995年，张铁军参与和承担了许多站内技术职称评定、重大项目论证等工作。

张铁军十分重视农机推广的新思路、新形式，也为此作了很多尝试，加强了推广单位和企业的联系，与此同时，这些活动也很好地促进了农机化技术的推广与培训。张铁军参与了"中国农机化技术推广培训中心"举办的有关培训和科普宣传电视片拍摄工作。他1994年参与组织"农机化技术培训班"，1995年参与组织"节本增效工程技术培训班"，其中，参加培训的学员均为全国农机系统的中、高级技术骨干和师资。张铁军在这个过程中主持负责编排教学方案、撰写教材和授课。讲授课程有"化肥深施机具"（撰写教材约1.2万字）、"精少量播种机具"（撰写教材约2万字），另外，他还参加设置科普录像片《精米加工技术》《化肥深施技术》《精少量播种技术》。分别承担撰稿、脚本编写、现场拍摄和后期编辑制作指导等工作。与此同时，张铁军还参与编写了许多有关农机化技术推广方面的书籍：1993年为《中国农业年检》撰稿，主笔撰写了《农机化旱作技术》一节；1993—1994年，他参与编辑了《农机化适用技术推广手册》，撰写《机械化修筑反坡梯田技术》一文；1995年，张铁军任《农业节本增效工程技术丛书编辑委员会》编委，编写《化肥深施技术》《化肥深施机具》一章。

在此期间，张铁军还主持并参与举办了多次全国性大型农机展示交易活动。1991年，在山东泰安，他参与筹办了"全国农机产品展示交易会"；1992年，他主持筹办了"北京国际农业博览会"中的"中国农机二馆"；1995年，他主持筹办了首届"中国农业博览会"中的"农机展区"；1994年，他在云南瑞丽主持筹办了"中国农用机电产品展示交易会"；1995年，他又参与筹办了"第二届中国农业博览会"中的"农机展区"。

一生：农业科技的先进工作者

作为一名专业技术人员，一名农业科技的工作者，张铁军始终发挥着业务骨干的作用。1996年，张铁军参加了4个国家科技攻关项目农机化课题的鉴定验收，并任鉴定委员会委员、副主任，还参与筹办"建国50年农业及农村经济成就展"农机化展，撰写展出方案、文字脚本、解说词，选择和组织展品，设计布展，担任展期解说。因成绩突出，受到农机化司的表彰。与此同时，他又参与了部计划司和农机化司组织的"坡耕地改造""旱作节水农业示范"项目规划及其报国家计委的项目建议书。他还主笔编写了国家级示范基地——"山西屯留机械化旱作节水农业示范区"的项目建议书，任项目实施课题组组长。同年，张铁军参与组织了"全国小麦跨区收获及秸秆还田现场会"任演示现场的指挥和讲解，参加了农业部组织的13省基层推广机构综合调研活动，还参与了四部委组织的"科技下乡"活动、农业部组派的"农产品及农业机械考察团"赴美考察，主笔撰写考察报告。另外，他还参加了农业部代表国务院草拟的《中华人民共和国农业技术推广法实施条例》（第五稿）的起草修订工作，完成了高级推广人员培训教材《农机化新技术》第三章《中低产田改造》的撰写工作，受聘为国家农业综合开发办公室专家顾问组成员。

1998年，张铁军作为主要主持人之一，承担了"水稻钵苗摆栽多点试验"项目全过程的组织指导工作，编写《试验大纲》、组织技术培训班并授课。他还主持了"农业部水稻机械化生产工作会"机具演示的选型、定点和现场指挥等组织工作以及所在单位的"渗灌技术试验示范"项目的组织实施工作。另外，他还参与编写了农业部农机化司上报国家计委"2010 年国家农业重点科研攻关计划"，并作为专家参与评审工作，参与农业部"农业灾后重建规划"中《坡耕地治理》部分的编写工作及"2030 年国家农业重点科研攻关计划"的专家评审工作，负责《水稻机械化生产机具设备选型指南》的征稿和编辑等工作。

张铁军在工程师技术岗位上工作了 8 年，在此期间，他的业务技能、工作水平有了很大的进步和提高，所积累下来的经验也为他接下来的工作打下了良好的基础。首先，长期在第一线从事农机试验、鉴定和推广工作，使他对各类农机具的结构、特性，以及性能影响因素等有了较全面的了解和认识，具备了从事产品开发、技术改进，以及独立或组织完成重大技术业务工作的能力，同时，对基层工作的情况、特点也有了较全面的了解。通过参加外援项目工作，初步掌握了这类业务工作的方法、程序、特点，具备了一定的涉外工作能力和经验。到总站工作后，业务工作的内容、方法、性质等，与地方有所不同，更侧重于宏观指导、协调，他通过承担和参加组织实施全国性推广项目、体系和法规建设，以及培训、宣传等方面工作，又进一步提高和锻炼了自己分析、解决问题的能力和各方面技能，这使他较好地完成了各项业务工作，在站内发挥了业务骨干作用。

用热爱播种，用智慧耕耘，用汗水浇灌，用心血滋润——这是张铁军对农机事业矢志不渝的坚守。他为农机事业奉献一生，从宁夏到北京，无论何种工作他无一不尽心尽力、恪尽职守。这是他闪耀着光芒的人生，他，始终被人们记在心中。

的感情，并全身心投入到农业机械化进程中来。1992年年底，组织调他到农机局担任副局长，这时藁城市农机局刚刚建起的农机化维修中心，厂房还空着，正与新疆收割机厂洽谈合作建厂的事。藁城非常需要这款收割机，新疆厂家也需要内地广阔的市场，双方一拍即合。为此，葛振平多次前往乌鲁木齐市，克服重重困难，完成了新厂的筹建任务。并于1993年试产了5台，投入市场后引起了极大反响。受到鼓舞后，他们再接再厉，克服了厂房简陋、经验不足、技术人员少、设备短缺等困难，一起研究制定生产计划，夜以继日地工作，在人才、技术、市场等方面做了大量工作。

为了激发企业活力，最大程度释放企业的生产潜力，葛振平与干部职工一道，一方面积极组织生产，提高企业产能，另一方面抓销售，使产品尽快占领市场。1993—1997年，企业共生产了5 000多台收割机，产销率保持了100%，销售范围也扩展到豫、鲁、苏、晋、陕、青、辽、内蒙古等12个省、自治区。新疆－2这种被称为"新联之花"的明星产品在藁城的成功落地，成为新疆与内地合作的典范，引发了全国各地媒体的广泛关注，多家报社杂志纷纷报道，农业部和河北省农机部门领导也给予了肯定和支持。葛振平为当地小麦收获机械化做出了重要的贡献。

他，让"跨区作业"走出藁城

带领当地农机手实施跨区机收小麦，是葛振平一生都值得骄傲的大事。

收割机厂投产后，出现产销两旺的局面。但新问题又来了，农民购买一台新疆－2收割机需要七八万元，如果只在本地收割，收割期只有七八天，收割500亩左右，收入总计不过两万元，收割机大部分时间处于闲置状态，严重影响了农民购买收割机的热情。

基于这种情况，1993年，葛振平提出了跨区收割作业的设想：依据小麦成熟时间差，组织农机手从南到北收割小麦，农机手收入便会大大增加。

跨区作业的优势是显而易见，但困难也可想而知：涉及多个地区和部门，农机手在路上有时遇到强行拦截，有时机具会出现故障……没有统一管理和全面的服务，正常收割作业是很难办到的。

葛振平把这些困难都考虑到了。他首先从解决跨区作业车辆多、行程远、人员分散等现实问题入手，成立了指挥部，自己担任总指挥，抽调责任心强、吃苦耐劳、技术精湛的服务团队。其次，制定了"七个统一"，即统一签订合同、统一农机手技术培训、统一进退场时间、统一维修和零配件供应、统一作业收费标准、统一机型和统一标志。

为保护农机手人身安全，指挥部与当地农机部门、公安机关沟通，严厉打击侵犯农机手利益的不法行为，充分保证了农机手的人身安全和正当权益。

跨区作业得到了藁城市各部门领导的关心和支持。每次出发前，他们都举行出发仪式，媒体记者也集中报道。特别是农业部在藁城挂职的副书记刘宪同志，亲自和葛振平同志到河南跨区作业现场考察、指导工作，研究解决作业中的问题。他提出了用铁路运送收割机的设想，并成功将设想变成了现实，解决了农机手长途行走中出现的不必要的麻烦。

　　跨区作业期间，葛振平头顶烈日，晴天一身汗，雨天一身泥，在尘土飞扬的现场进行指导，不停地东奔西走，人累得疲惫不堪，嗓子都喊哑了，经常几天几夜睡不着觉，哪里有问题，就起身前往解决。他双腿患有病痛，双脚肿得连凉鞋都穿不上，家中老人身体也不好，一人独处时，觉得对不起家人，总有一种内疚感，但看到为农机手们解决问题后他们高兴的笑脸，心中就多少涌起了一些欣慰。

　　跨区作业也促进了广大干部思想转变。跨区作业前，葛振平反复要求大家把农机手利益装在心中，想方设法让他们多挣钱。他手中的"大哥大"手机24小时开机，农机手遇到问题，只要一个电话，不管白天黑夜，他都会马上赶过去，该维修的维修，该协调的协调，他后来总结经验时说"为农机手服务比作放羊，不能把羊赶到一个地方就睡觉去了。我们不仅把羊赶到水草丰满的地方，还要关注每只羊的吃草情况，使每一只羊都要吃饱吃好。"跨区作业期间，农机手们只要看到他，心里就感到有了靠山。

　　由于组织严密，服务周到，不少东三省、内蒙古、山西、陕西等外地农机手也加入跨区作业队伍。当时突出的口号是：南征河南，北战内蒙古，东征唐山，不忘藁城。几年摸索，这支收割机队伍几乎成了全国规模最大的收割队伍，在农机行业产生了巨大影响。

　　始于1993年的跨区作业，到2001年累计组织了3 460台（次）的小麦收割机跨区作业，为外地收获小麦170多万亩，为农机手创收5 000多万元，在市场经济条件下显示了巨大的生命力。特别是藁城农机局与河南辉县市的合作，被时任藁城市委副书记的刘宪同志总结为"藁辉模式"，受到了农业部农机化司领导的高度重视，在全国各地大力推广。

跨区作业意义非凡。农民是最大受益者，过去麦收时节学生放假、工人下乡、全国齐动员、人山人海战"三夏"的盛大场面一去不复返了。

他，让"免耕播种"结出硕果

畜力耕作阶段，耕地、播种和收获是农事主要活动。然而谁曾想过，这种耕作方式存在着巨大的弊端：工序繁多、费时费力、破坏土壤结构，流失了水分……而在发达国家，一种新型耕作方式——免耕播种已经得到广泛推广。免耕播种又叫"保护性耕作"，具有传统方式无可比拟的优势。在上级主管部门的推动下，政府决定在藁城大力推广这种新技术。

时任藁城市农机局局长的葛振平接受了任务，为了验证保护性耕作的实际效果，农机局选择了马庄农场为试点，挑出21亩耕地进行试验，全程记录了整地、播种、浇水、施肥、植保的过程。试验结果显示，在产量、节水、成本控制等方面效果明显。第二年试验范围更大，参与农民更多，数据更翔实。试验人员详细记录了小麦从返青、起身、拔节、抽穗到成熟各生长环节的生长情况，收集了追肥、浇水和农药喷施时间和次数以及土壤、水分、气象、杂草、病虫害等数据。试验数据证明了保护性耕作的优点：减少了农时，增加了农作物生长期积温，化肥深施也有利于小麦吸收，还避免了秸秆燃烧造成的环境污染的"顽疾"。

然而，改变农民头脑中的固有观念，并不是一件十分容易的事。在播种现场，很多农民抱着"三不播"的态度，即"领导不播我不播""不见效果我不播""多数人不播我不播"。他们只相信看到的结果，不轻易接受科学种田的理念。

为了让农民接受新观念，从培训开始，葛振平亲自登台讲课，讲解保护性耕作的原理和意义，让农民了解保护性耕作产生的原因、发展和现状，以及我国保护性耕作的开展情况。先后培训了干部、农民和农机手数千名。为农民选择了两种款式的免耕播种机。与此同时政府也制定了优惠政策，给予购买机械的农民一定资金补贴。

在葛振平和农机局努力下，农民开始接受新技术了，大家一鼓作气，抽调专业技术人员，成立机械化保护性耕作技术服务组织，制定了技术规范和标准播种流程，抽调 6 部服务专用车全天候待命，随时随地奔赴播种现场。葛振平亲自带队，与技术人员深入田间地头，严格检查督促播种情况。

上级部门也给予了巨大支持。为这项工作添置了大量检测仪器和设备，建立了测定化验室和微机室，设置了 46 个监测点，聘请农业技术、土壤及气象专家，对相关人员进行了专业和技术培训。

勤奋耕耘必然结出丰硕的果实。到 2004 年，当地保护性耕作推广面积达 4.15 万亩，超额完成了农业部下达的指标。农民真切感受到了保护性耕作的好处。

藁城市保护性耕作有很多亮点：发达国家都是在一年一熟地区推广的，而藁城市属一年两熟地区，没有现成经验可以借鉴，推广难度超过了其他国家，但藁城农机局干部职工做到了，用中国农业大学高焕文教授的话说"具有开创性意义"。

保护性耕作是一项系统工程，尽管取得了不小的成绩，但仍有很长的路要走。为了完成好这项艰巨而有意义的事业，葛振平不断总结和反思，撰写了很多文章，总结经验查找不足，在全国各地传播相关知识，对保护性耕作在北方地区推广施做出了突出贡献。

他，就是这样一个人，为造福一方而生，为了一个使命而来。他在这片土地上播种，也在这方领域里收获，没有豪言壮语，只有默然付出，他用奉献诠释着人生的意义和价值！

　　杨敏丽，中国农业大学领军教授、博士生导师，中国农业机械化发展研究中心主任，农村发展研究所所长，兼任农业农村部主要农作物生产全程机械化推进行动专家指导组副秘书长，西北农林科技大学兼职教授，东北农业大学工程学院客座教授，美国国际援助署（USAID）"适度规模机械化项目"专家委员会专家，博洛尼亚俱乐部（The Club of Bologna）正式会员，美国农业与生物系统工程师学会（ASABE）会员，中国农业机械学会常务理事、农业机械化分会主任委员，中国农业工程学会理事，《ACTA TECHNOLOGICA AGRICULTURAE》国际编委，《农业工程学报》《农业机械学报》和《自然资源学报》审稿专家，《农机化研究》编委会副主任，《中国农业机械化年鉴》编委，部分省市农业机械化发展高级顾问等，是全国首批农机行业"十大女杰"，享受国务院特殊政府津贴。

　　1994 年担任中国农业机械学会农业机械化分会秘书处的工作，历任秘书、副秘书长、常务委员兼副秘书长、副主任委员兼秘书长、主任委员兼秘书长至今。其中担任主任委员兼秘书长 3 届（12 年）期间，农机化分会成功打造了"中国农业机械化论坛"品牌活动，在行业中有非常广泛的影响力。

　　杨敏丽是我国农业机械化领域的著名专家，所从事的农业机械化软科学研究在全国处于领先地位，特别是在农业机械化法律法规、政策规划、生产模式、装备配置、生产效率、评价标准、社会化服务等方面具有突出贡献。主持完成国家及省部级科研项目 90 余项，以及"亚太区域农业机械化数据库平台建设的战略框架设计""亚太区域可持续农业机械化中心发展规划"等国际研究项目。杨敏丽是《农业机械化促进法》起草工作小组唯一专家成员，研究工作受到全国人大农委相关部门和农业部等部委的高度评价；起草并组织专家联名呈报"关于进一步加大扶持力度促进农业机械化又好又快发展的建议"获温家宝总理和回良玉副总理批示，促成国务院有关农机化重要文件的出台与实施；主持或作为核心成员参与编制的全国农业机械化发展"十五""十一五""十二五""十三五"规划，以及《农业机械购置补贴规划》《全国农机深松整地作业实施规划》《农业机械化水平评价 第一部分：种植业》《农业机械化水平评价 第五部分：果、茶、桑》等均已在全国范围内实施，培训基层农机人员和农机合作社理事长逾万人；牵头组织开展的"产教融合农机化精准扶贫活动"取得良好效果；曾获省部级奖励 5 次，其中农业部软科学优秀研究成果奖二等奖、三等奖各 1 次；中华农业科学技术奖二等奖 1 次；机械工业科学技术二等奖 1 次；北京市科学技术进步三等奖 1 次。出版著作 40 余部，在国内外公开发表学术论文近 200 篇，其中 SCI、EI、SSCI、CSSCI 收录论文 50 余篇。

软科学研究达人　杨敏丽

在很多人的印象中，杨敏丽都是个不折不扣的"工作狂"，既要干科研，又要搞教学，还得为行业发展出谋划策，在国内各大农机化会议及活动的现场，经常能看到她精力充沛的身影。而熟人眼里的杨敏丽，待人热忱，做事认真，忙起来就成了"拼命三娘"。她热爱生活，美丽时尚，即便忙碌到每天只有两三个小时的睡眠时间，依然能精神饱满的面对新的一天，就像阳光下的太阳花，灿烂而热烈，浑身上下都折射出阳光的绚烂光彩。

一

人生所有的遇见，是缘分的使然，没有迟或早；所有的经历，是上天的馈赠，不论苦与甜。对杨敏丽来说，与农业机械化最初的遇见，要追溯到幼时，这份缘，持续至今。

20 世纪 60 年代中期，杨敏丽在北京出生；70 年代初期，她随父母从北京迁到广西柳州，住在母亲工作的广西柳州拖拉机厂（以下简称"柳拖"）家属宿舍。在柳拖子弟学校读完小学和初一，然后考进柳州市二中读初二、初三，经过中考进入柳州高中完成了高中学业。

在杨敏丽的记忆中，柳拖厂门口正对着的两条马路中间立着一个很大的水泥牌子，上面写着"一九八〇年基本实现农业机械化"，经常早上到厂食堂买早点都能与这块牌子相遇。20 世纪 70 年代，每年学校都会安排学生学工、学农和学军。学工，就是到厂里车间，学习工人师傅如何做出一件件精美的零件，或参观一台台拖拉机如何在总装车间完成安装，然后非常神气地"嘟嘟嘟"开到厂区存放点。学农，就是暑假时到农村去，自带席子、蚊帐、毛巾被和洗漱用具，住农村小学校，白天和农民一起到田里插秧，没有机械，纯人工作业，光脚踩在田里插秧，经常会有蚂蟥爬到腿上；晚上把课桌当床用。学军，就是学校经常晚上组织拉练活动，连夜徒步行军，要走几公里的路。杨敏丽的母亲当时在柳拖精铸车间担任技术员的工作，她比别人有更多的机会到车间去。遇到开炉，母亲经常要上夜班和打连班，她会在晚上到车间陪母亲，并有机会亲手体验精密铸造中蜡模的制作过程。那是杨敏丽对拖拉机、对农机生产制造、对农业机械化最初的遇见、认识和体验。

1983 年高考，杨敏丽的父母一心希望她能考回北京上大学。他们认为，女孩子学习工科比较辛苦，希望她今后能从事一份比较干净轻松环境好的职业。因此，她顺从父母的心愿考入北京师范大学图书馆学专业（理科）学习。1987 年大学毕业，杨敏丽被分配到了北京农业工程大学（现中国农业大学东校区）图书馆工作，经历了图书馆搬迁、旧书整理、图书借阅、办公室等工作后，于 1988 年开始稳定在科技情报室工作，开始了《中国农业文摘——农业工程》（以下简称《文摘》）的专职编辑和农业机械化情报研究工作。5 年的专职《文摘》编辑工作，使她较全面系统地了解国内外农业工程学科的构架、研究领域、研究内容和最新研究进展。她在做编辑工作的同时承担起部分农业机械化情报研究工作，并于 1993 年开始担任科技情报室主任，这项工作让杨敏丽有机会较全面地认识农业机械化领域，特别是国内外农业机械化发展历史、现状。

二

如父母所愿，大学校园的环境干净舒适，工作顺风顺水。杨敏丽完全可以享受无忧无虑的生活，但是随着工作的深入开展、与行业内各方面的交流也日益加强，杨敏丽敏锐地意识到仅有情报学专业科班的知识远远不能满足工作的需要，由于缺乏农业机械化专业方面的知识，很难为教授们和行业提

一步加大扶持力度　促进农业机械化又好又快发展的建议》给温家宝总理、回良玉副总理并得到批示，回良玉副总理的批示是："实践证明，农机具购置补贴政策是一举多效，成果显著。建设现代农业必须要用现代物质条件装备农业，不断提高农业机械化水平。拟请农业部同有关部门，认真研究专家的建议，抓紧提出促进农业机械化又好又快发展的政策意见。"温家宝总理的批示是："赞成良玉同志的意见。关于加大农机具购置补贴政策的力度，促进农业机械化和农机工业的发展，最近我在吉林和江西都讲了一些意见。现在看来到了需要统筹考虑这几个方面的工作和制定完善相应的政策和措施的时候了。请发改委会同财政部、农业部研究。"由此推动国务院2010年出台了《关于促进农业机械化和农机工业又好又快发展的意见》（国发〔2010〕22号），这是惠及农业机械化和农机工业全行业的政策性文件，对行业发展发挥了积极而深远的影响。2017年，杨敏丽参加了中国工程院罗锡文院士牵头呈报的院士建议《关于加快推进我国农业全程全面机械化发展的建议》的起草工作，该建议得到了汪洋副总理批示，由此推动国务院2018年12月出台了《国务院关于加快推进农业机械化和农机装备产业转型升级的指导意见》（国发〔2018〕42号），这是指导新时期农业机械化和农机装备产业发展的又一个里程碑式的文件。"可以说，我经历了农业机械化法律、法规、政策的制定与不断完善过程，经历了农业机械化发展的重大历史事件并参与其中，作为农业机械化软科学研究人员，这是非常幸运的。"杨敏丽笑着说。

四

随着研究工作的层层深入，杨敏丽认识到，要想做好农业机械化软科学研究，不仅仅要熟悉、了解、研究农业机械化法律法规政策和相关经济问题，也不仅仅是做好基层调研、了解农民和农业生产情况就足够，而是需要将软科学研究和硬技术研究进展相结合，才能在更深层次和更高站位上为政府决策提供更加科学、客观、扎实的研究支持。2009年，杨敏丽提出要探索和研究主要农作物全程机械化生产模式，并带领团队围绕小麦、水稻、玉米 3 大粮食作物在全国 6 个省（自治区）建立了 15 个全程机械化生产示范基地，开启了主要农作物全程机械化生产工程模式的探索与研究。经过大量实地调研、试验跟踪、数据分析，杨敏丽及其团队开创性地提出适用于不同区域的 3 大粮食作物机械化生产工程模式定性评价、定量优化指标体系，构建了以新型农业经营组织为依托的全程机械化生产工程模式，提出了适用于不同区域的 3 大粮食作物机械化生产工程集成技术路径和装备配置解决方案，为不同地区模式选择提供了理论与实践依据，推广应用效果良好。这些研究成果至今仍然是不同地区、不同作物全程机械化生产模式研究的重要参考。2012 年《中共中央、国务院关于加快推进农业科技创新持续增强农产品供给保障能力的若干意见》中正式提出"探索农业全程机械化生产模式"，2015 年农业部颁布《关于开展主要农作物生产全程机械化推进行动的意见》，主要农作物生产全程机械化模式研究进入高潮期，逐步形成了适宜不同区域、不同作物的全程机械化生产模式，全国农业全程机械化生产发展迅速。目前，杨敏丽又带领团队进一步开展丘陵山区主要粮食作物适度规模生产全程机械化关键技术集成与示范，力求探索一条中国特色丘陵山区适度规模机械化发展之路。

在长期的农业机械化教学与科研工作中，杨敏丽一贯主张教学科研要面对农业农村生产实际主战场，研究工作与成果要能解决农业农村生产实际问题，要有社会价值，要具备大局观和全局意识。

杨敏丽经常深入基层，试验跟踪、数据采集、走访农户、合作社调研等，指导基层农机人员、农民解决发展中的各种疑难，向他们宣传新机械、新技术、新政策。在农业机械化助力乡村振兴和精准扶贫方面，杨敏丽也不遗余力地发挥着自己的作用。她深刻地认识到，农业机械化的发展问题，并不是孤立地就农业机械化论农业机械化，而是要在国家农业农村现代化进程中、在乡村振兴战略实施过程中、在产业兴旺的重大需求中发挥重要作用。她利用自身所掌握的业务知识和行业资源，瞄准农产品产后处理有效提升产业附加值这一关键环节，联合上海三久机械公司，自筹资金积极开展产教融合的农机化精准扶贫活动。自 2017 年以来，针对 9 个省（其中 8 个南方丘陵山区省份）21 个国贫县 / 省贫县，开展烘干机捐赠及技术培训；共捐赠烘干机 30 台套，价值 350 万元；培训农机合作社理事长 1 000 余人；在四川省宣汉县、嘉陵区，云南省澜沧县等扶贫点，形成了"土地整村流转 / 部分流转 / 土地托管 + 田间全程机械化 + 产后处理机械化 + 米业加工 + 品牌打造 + 电商平台（线上线下销售）"的提升农产品附加值、促进当地产业发展的全程、高效机械化生产模式，有效带动了受赠乡村脱贫致富，为乡村振兴、精准脱贫提供了物质及智力支持，受到当地政府和农民的欢迎和高度认可。

在开展工作的过程中，杨敏丽经常会给基层人员和农民留下联系方式，欢迎他们进行咨询和交流。"那么岂不是会很多人打电话过来，会不会很烦？"有人经常会问。"其实并没有想象的那么多人总打电话过来问。"她笑着说，"如果有人给我打电话，一定是他们确实遇到问题了，确实想找我交流。对于我来说，一是可以让我随时了解更多的基层情况和现实问题；二是我可以尽自己能力为他们做一些力所能及事情，也是自己价值的体现。比如他们有时候会问他需要的机器哪里可以买到，哪个品牌的比较好，大约可以享受到多少钱的补贴；有的是买到的机器质量出现问题，需要维权；有的是在实际生产

中效益不好，不挣钱，有很多疑惑，怎么办，等等。有的很容易就可以回答，有的暂时回答不上来的我也会通过各方面去了解之后再给予答复，有的指导我的研究生去了解清楚情况给予答复。"她的付出也感动了农民，有的农民逢年过节会给杨敏丽寄些他们自己当地的土特产，这些都让杨敏丽非常感动，也坚定了她为农业农村农民服务的信心和决心。

五

任何人的成功都是没有捷径的，成功的背后，是相较于旁人数倍的努力。对待工作，杨敏丽非常认真、守信，有时甚至到了苛刻的程度。承诺的事情，承担的工作，就要全力以赴尽最大努力去完成。有时候一个数据或者计算出现问题，杨敏丽会要求学生连夜核对直到把问题找出来并校正为止，并且自己常常与学生一道通宵达旦核对数据和修正问题。

记得 2000 年 7 月的一天，时任农业部农业机械化管理司副司长黄明洲、科教处处长李安宁突然给杨敏丽说，想在当年的 11 月举办"中国机械化旱作节水农业国际研讨会"，问杨敏丽是否可以承担具体的筹备组织任务。当时还在图书馆科技情报室工作的杨敏丽，虽然已经是中国农业机械学会农业机械化分会的副秘书长，组织过诸多农业机械化相关大型学术会议，但是从未独立组织过国际学术会议，更不认识机械化旱作节水领域的国际专家。但是就是凭着一股子责任心、好奇心、要强的性格，把这项艰巨的工作应下来了。回到学校，她马上联系有关专家，包括保护性耕作专家高焕文教授、中国－以色列国际农业研究培训中心主任黄冠华教授、国际处副处长董仁杰老师等，请他们提供帮助。经过 4 个多月的努力，邀请到美国、加拿大、澳大利亚、以色列、泰国、印尼等国的专家出席于当年 11 月 22—23 日在北京举办的"中国机械化旱作节水农业国际研讨会"，会议取得圆满成功。这也是由中国政府组织召开的第一个有关机械化旱作节水的国际研讨会。

2004 年 1 月，临危受命参与当年 10 月在北京举办的"2004 国际农业工程大会"第五分会场"Modern Agricultural Equipment and Facilities"的组织筹备工作，来自30个国家60余名国外专家和120余名国内专家出席了第五分会场的会议（大会代表1000余人），组织工作得到高度认可。之后，组织的2014年"第十八届国际农业工程世界大会"第五分会场"Development Strategy，Ergonomics and System Management"、2017年组织的"甘蔗机械化国际研讨会"同样取得圆满成功。

　　2009年，杨敏丽承担了农业部委托的《中国农业机械化科技发展报告（1949—2009年）》的编撰任务，这是之前从没开展过的工作，没有任何现成的资料和数据，要摸清楚60年中国农业机械化科技发展历史，谈何容易！杨敏丽不惧困难，带领研究生团队展开全面的调查，涉及的单位包括高校、科院机构、生产企业、鉴定推广机构等，内容包括科研项目、科研经费、专利授权、成果获奖、重要论文、成果转化、应用推广等方面的材料和数据，这是我国首次对农业机械化科技基础数据及信息展开的调研，工作量之大，难以想象。时任农业部农业机械化管理司副司长刘宪要求在9月中旬必须完成并正式出版。为此，杨敏丽带领团队熬过无数次通宵。正巧那年她受邀于8月访问日本10天，费用全部日方承担。由于编撰任务重、时间紧，杨敏丽主动放弃日本之行并向日方表示道歉。但是有朋友表示不理解，认为这些工作并没什么大不了的，不在乎那么几天，何况当时还没去过日本，这样的机会错过实在可惜。类似的"傻事"还有不少。杨敏丽在承担有关科研任务时候极少谈钱，特别是承担部委的政策研究任务，全部是无条件接受。有人认为杨敏丽挺傻，但是杨敏丽有自己的解释："如果给你钱，那是你做这件事情的价格，给你100万你就值100万；但是如果你有机会为行业做事情并有所贡献，那是你自身的价值，这不是钱能衡量的"。她认为，"别人能想到你、找你做事，是因为你还有这个能力，是看得起你，虽然自己可能会辛苦一些，但是你能帮他解决问题，在合作中获得愉悦与信任，在工作中体现精神与价值。"也许正因为这个，她与很多单位都保持着良好合作关系。

六

已经成为行业知名专家的杨敏丽，并不以已经取得的成绩自傲，她仍然承担着大量基础性的繁重科研工作和教学任务。目前，她在中国农业大学主讲五门课，其中两门本科生课三门硕士研究生课，希望能尽自己的能力多培养人才，尽自己的能力多做有意义的事情，尽自己的能力为行业多做贡献。

之所以长期坚持如此高强度的工作，杨敏丽有自己的想法。一是技不压身，任何工作，无论多小多么不起眼，都是能力的锻炼和自身资本的积累，所以要抓住一切时机多做工作。二是无论哪个年代都要有信念和理想，只要你能坚持，就能不断进步，对于年轻人就更应该这样，要想有所成就有所价值，"坚持与刻苦"在任何年代都不能少。三是非常庆幸自己能从事一项伟大而崇高的事业，这个世界，如果没有汽车没有电话没有网络，我们可以走路可以飞鸽传书；但是如果没有农业没有粮食没有食物，这个世界和人类都将不复存在。农业是国民经济的基础，但是并不是每一个人都能深刻认识到这一点。因此，无论社会上对农业、对农业机械化有什么看法与偏见，她都坚定自己的信念，处处以身作则，以自己的工作为傲，并将这个信念在讲课和培养学生的过程中传递下去，鼓励学生从事农业与农业机械化相关工作。

坚持长跑并参加业余马拉松比赛，也给了杨敏丽无数的启迪与力量。人生就如一场马拉松，就是要不断挑战自我、超越极限、坚韧不拔、永不放弃。因此，她无论在工作中遇到多少困难，都以积极乐观的态度勇敢面对。她将母亲一直激励她的保尔·柯察金的名言"人的一生应该这样度过：回首往事，他不会因为虚度年华而悔恨，也不会因为碌碌无为而羞愧"作为自己的座右铭；而她的理想，是踏实做好每件事情，在追求完美中实现自身的价值，要使全国的农民都能享受到农业机械化带来的现代文明成果。

焦刚，1947年5月生，北京市人，中共党员。1982年毕业于洛阳农机学院农机系拖拉机设计与制造专业，从事农机化领域工作40年，曾任农业部农业机械化管理司副司长，1997年5月任农业部农机试验鉴定总站站长、党委书记，1998年4月兼任中国农机产品质量认证中心主任，2001年获国务院颁发的政府特殊津贴，2007年9月受聘担任中国农机流通协会高级顾问，2010年2月，受聘担任中国农业机械化协会（第一届）副会长。工作期间发表《国产农业拖拉机常用工况下噪声现状及对驾驶员听力的影响》《农业机械运行安全技术条件——轮式拖拉机（GB16151.12）》《试论农业机械化发展的结构平衡与优化》《农业机械依法鉴定的新阶段》等论文60余篇。

思想者 焦刚

焦刚是一个执着的人，对于事业，对于信仰，始终如一的保持着一颗诚挚的赤子之心；同时，他又是一个内心柔软的人，对待世界，对待人生，抱有善意，宽容豁达。

一

焦刚出生于一个知识分子的干部家庭，父亲是抗战时期参加革命的老党员，家风朴实，自幼父母就教育他要诚实做人，勤勉做事。焦刚自小品学兼优，15 岁加入共青团，在读初中期间连续 3 年成绩优良，免试升入北京三十五中高中部学习。在那个没有手机，没有网络的年代，虽然生活艰苦，然而同学们内心坚定，努力学习科学知识，学雷锋，学毛主席著作，一心跟着党走。中学时期的经历，对焦刚后来的人生发展做了一个很好的铺垫。1966 年的夏天，就在焦刚满怀信心备战高考的时候，"文化大革命"开始了，焦刚迎来了他人生中的第一个重大转折点。

1967 年，毛主席号召知识青年到农村去、到边疆去、到祖国需要的地方去。恰逢农机部在青海设立的部属三线工厂——青海柴油机厂招人，焦刚觉得，他应该响应号召，去支援国家建设，而不是留在北京"吃闲饭"，于是果断报名，当年 12 月，焦刚入职位于青海省乐都县的青海柴油机厂，当了一名工人，这一干就是 10 年。就在这里，焦刚开启了他一辈子都不曾离开的农机生涯。

10 年间，焦刚从未放弃学习，他把父母家中的一些理论书籍和高中时期的课本带在身边，工作之余抓紧学习。他热爱读书，尤其喜爱哲学书籍、毛选四卷、艾思奇的著作、欧洲哲学史、列宁回忆录和文学名著等，这些书籍都成为他的精神食粮。焦刚觉得，当工人也要做个明白人，也要学习，掌握科学的思想方法，对社会发展规律有所认识。由于工作努力，长期坚持学习，积极要求进步，1976 年 7 月 8 日，焦刚成为了一名光荣的共产党员。

1977 年，焦刚命运中的第二个拐点到来了。在 10 月一个周日的早上，窗外的高音喇叭里突然传来清亮的声音：党中央决定，恢复高考……听到这个消息，焦刚异常兴奋，当时他已经年过 30，在青海有家有子，做了一辈子扎根青海的准备，国家恢复高考的决定，让他又有了学习知识、报效祖国、改变自己命运的机会。1977 年高考不同寻常，从通知到考试，中间仅有一个多月的时间，但得益于高中的基础加上日常的学习积累，焦刚最终以乐都县理科第一的好成绩考入洛阳农机学院。拿到大学录取通知书的那一天，被焦刚定义为他人生中最开心的一件事。

后来，焦刚在总结这一段人生的时候说："人的一辈子，对人生能够起到决定作用的关键机会也就那么两三次，如果不能抓住，就会错失实现自己人生理想的机会，人生就可能面临完全不同的境遇。要想抓住机会，平时要有所积累，关键时刻要尽力争取。这点在我上大学这件事上感受特别深。人一定要学习，尤其年轻时期的阅读和学习，是一种学习精神和学习习惯的培养，包括通过学习获得的思维能力，是可以伴随人一生的。"

二

从 1967 年到 2007 年，焦刚在农机化行业干了 40 年。这其中最重要的工作历程莫过于自 1982 年大学毕业到 2007 年退休的这 25 年。

1982 年，焦刚自洛阳农机学院毕业，进入农机部农业机械鉴定总站工作。回到阔别 14 年的北京，焦刚对人生充满希望，对未来满怀期待，每天心情愉悦，干劲十足。1982 年年底，总站争取到农牧渔业部部管科研课题"全国农用拖拉机噪声水平普测及对驾驶员听力的影响"，进站工作尚不满一年的焦刚被领导委以重任，担任课题组组长，组织 5 个站十余位同志共同完成。在课题测试研究的两年半时间里，焦刚的工作能力得到了很大锻炼。1985 年年初，焦刚被提拔为情报资料室副主任，随后调入部农业机械化管理司工作。

在农机化司工作的 12 年，焦刚在安全监理处 8 年，期间参加过中央党校的学习培训，在无锡县东亭乡蹲点锻炼，这些经历丰富了他的视野，拓展了他业务能力。1994 年，焦刚升任农机化司副司长，分管安全监理、成人教育、农机维修、计划财务，主要任务是促进上述农机化工作的改革发展和配合制定农机化发展规划、重点工作、重点项目的实施等。在这 12 年间，焦刚全面熟悉了解了农机化工作，实现了从一个行业从业者到行业管理者的方位转变。

1997 年 5 月，焦刚回到离开了 12 年的农机试验鉴定总站任站长，直至 2007 年退休。可以说，焦刚从事农机化工作的 25 年，自鉴定站始，自鉴定站终，总站在焦刚的心里犹如自己的家，是他投入感情和精力最多的地方。

回到总站的焦刚，对总站感到既熟悉，又陌生；既心怀向往，又倍感压力。一方面觉得十分亲切，另一方面感觉责任重大，从职责和情感上决心与同志们团结奋斗，促进总站和农机鉴定事业持续发展的愿望十分强烈。

据焦刚自己讲，他在任的 10 年间主要做了 4 件事。

第一件，找准农机鉴定工作定位，明确业务指导思想。焦刚回到总站做的第一件事，就是摸清总站和农机鉴定系统面临的形势，明确并统一总站和农机鉴定系统职工的认识。上世纪 90 年代后期全国农机化需求总体不旺，农机产品质量问题频出，在农机检测市场化的进程中农机鉴定机构经济压力很大，鉴定工作方向不够明确。通过调研，焦刚认为，农机鉴定工作面临着改革发展中的新问题，必须认真解决，但是它并没有改变农机鉴定工作的农机化属性，也没有改变农机鉴定机构的社会公益性质。因此，必须以这两个属性为基础找准农机鉴定工作定位明确业务指导思想，才是正确的方向，他提出了"围绕农机化中心工作，找准农机鉴定工作的结合点，主动发挥技术支持保障作用"的业务指导思想，并将总站"为企业服务，为农民服务"的宗旨扩展为"为部司（中心工作）服务，为农机企业服务，为农民服务"，还将总站分配政策进行了相应调整。该业务指导思想得到部农机化司领导认可并在全国农机鉴定工作会议上进行了宣传贯彻，对于当时形势下农机鉴定系统统一认识、明确方向，对于农机鉴定工作后续的改革与发展都发挥了重要的指导作用。

第二件，创新农机产品质量跟踪调查监督新模式。20世纪90年代，小麦跨区机收发展迅速，提高了收获效率，增加了农民收入，同时也暴露出机具质量和售后服务中的突出问题，成为投诉热点，广大农民机手迫切希望农机管理部门尽快予以关注和解决。焦刚考虑，促进小麦跨区机收健康发展是农机化中心工作，促进企业提高产品质量和服务水平是农机鉴定工作的职责和优势，两者结合以跨区机收为切入点发挥农机鉴定系统的促进作用正是贯彻前述业务指导思想的好机会。总站领导及时提出建议和工作方案，部司予以大力支持，农业部和国家技术监督局联合发文，农机试验鉴定总站具体牵头于1999年麦收季节在山西、河北、山东、河南、陕西五省组织开展国产联合收割机和进口二手机质量跟踪调查，首次获取了在农民实际使用条件下国产联合收割机平均无故障工作时间和存在的突出问题等珍贵数据，为农机企业和有关管理部门加强改进工作提供了重要依据。这次联合收割机质量跟踪调查活动体现了农机化管理部门注重机具在运用环节表现的产品质量评价理念，是农机质量监督模式的创新。时任部司领导高度肯定这项工作，并要求常抓不懈，此后农机质量跟踪调查成为总站和各省农机鉴定机构的经常性工作。2004年颁布的《农业机械化促进法》以法律的高度将"质量调查"定位于农机质量监督的三种方式之一。

第三件，突出适用性评价特色，推进农机推广鉴定改革与发展。了解农机鉴定工作的同志都知道推广鉴定是农机鉴定的主要业务，是立业之本，否定了推广鉴定，农机鉴定系统也就失去了存在的必要。在焦刚任职的前段时间推广鉴定受到国家压缩行政许可，业内人士有说推广鉴定是"重复检测"的非议以及检测市场内强制性手段排挤等多方压力，鉴定系统内存在着推广鉴定前途渺茫的担心，成为亟待解决的难题。焦刚和站领导班子及相关处室投入大量精力研究探索推广鉴定的改革方向与出路，如坚持强调适用性评价的基本特色、突出安全性环保性指标、鉴定与农产品质量安全工程挂钩等措施并取得了一定成效，但推广鉴定缺乏法规地位的关键问题难以突破。2003年全国人大调研起草《农机化促进法》的春风给大家带来了巨大的鼓舞和希望，作为总站头等大事，焦刚和有关同志积极向人大相关领导和部司提出政策建议，参与部分内容的起草和协调工作。一年后颁布的《农机化促进法》明确了农机鉴定机构的法律地位，以适用性可靠性安全性评价为基本内容的推广鉴定终于走上了依法鉴定的轨道。

第四件，扎实推进总站两个文明建设。在基础设施设备和环境建设方面，焦刚的追求是：能力要增强，适应农机化发展新形势的需要；形象要提升，与总站"龙头"的身份相匹配；环境要改善，以利于工作和职工的心身感受。在他的主持争取下，"农业部节水机械设备检测实验室""发动机、拖拉机实验室改造"等多个试验室的新建扩建，"科研试验楼加固加层改造和认证业务楼建设"，站区环境建设与西田阳试验设施改造，"站南区综合业务楼建设（农丰大厦）"等10余个项目陆续落地实施，投入资金超亿元。能力提高了，环境改善了，人也更精神了。

在人事制度改革方面。为了适应农机化发展和市场经济的新形势，焦刚积极推进总站内部运行机制改革。在部人事司、农机化司的指导下，总站于2000年年初实施了总站全员（领导班子成员除外）聘任制改革，废除了中层干部的"铁交椅"，优化人员配置，调动了职工的积极性，促进了干部年轻化和人才队伍建设。从那时起，总站中层干部和职工一直实行聘任制，3年一届，直至今日。

在扩展职能方面。焦刚回站后，总站党委继续把积极扩展总站职能作为重要目标。1998年4月经多年争取，"中国农机产品质量认证中心"挂牌成立。8月部党组决定总站升格为正局级事业单位。2001年部司又将农机化信息网建设维护、农机化标准组织协调、农机维修行业指导、职业技能鉴定、农机化外事外经等职能委托总站实施。总站调整了中层机构，增配了人员，开展了更加积极有效的工作。

在培育总站的精神文明方面。焦刚重视总站"文化"的培育，着力贯彻用人上的"任人唯贤"，"育人"上的"点面结合"，工作中"团结协作"的三大理念，在他的不懈努力之下，总站领导班子团结，工作作风认真严谨，同事之间相处真诚和谐，大家亲如一家人。

三

到 2019 年，焦刚已经离开工作岗位 12 年，在他半生的农机化工作中，他始终致力于在实践中思考，在思考中实践，着眼于长远，立足于当前，严谨而有序地工作，做到无愧于心，始终如一。

如今，他悠闲地享受着退休后的生活，做着以前上班时没有时间做的事。他喜爱旅游，一年总要出游几次，看看没有见过的风景，了解多种文化的差异，感受不同的风土人情，体味各异的人生百态；他喜爱和年轻人聊天，他说，只有多和年轻人沟通，获取新知识新观念，才能保持心态年轻和思想长新；他也喜欢常回总站看看，看看这个他为之付出诸多努力的"家"和他视为家人的同志们。

鬓虽白，心不改；人易老，志不失；岁月移，情犹在。此生幸为农机人，唯愿事业创新篇。焦刚与农机化事业结缘半生，感情深厚，他说："其实我就是一个普通人，干了这份工作，就想把它干好，这么多年下来，它也就成了我人生的一部分，不在岗位上了，心里还老惦记着，就希望看到它越来越好，越走越强，我们这些老人儿，就挺开心！"

李宪义，1963年2月生，黑龙江省宾县人，中共党员。大学就读于北京农业机械化学院农业机械化专业。1984年8月参加工作，先后在黑龙江省农业机械化研究所、黑龙江省农业机械化管理局、黑龙江省农业委员会、黑龙江省农业农村厅工作。2000—2019年，在黑龙江省农业委员会农业机械化管理局工作，先后任农机监督管理处、农机科教处处长，2014年任副局长。现任黑龙江省农业农村厅农业机械化管理处副处长。在35年的工作历程中，先后从事农机科研、农机监督管理、农机科教管理和专家指导等项工作。任职期间5次获得黑龙江省农机局的记功、嘉奖奖励，2次被评为黑龙江省直属机关优秀党员，1995年被评为全省农机系统在哈尔滨市十大杰出青年。在黑龙江省农业委员会工作期间，被评为3次优秀共产党员，1次优秀公务员，2013年被评为省委、省政府表彰的农业先进生产个人。

黑土地的耕耘者　李宪义

"我把人生最有精力的岁月贡献给农业机械化事业，当回首往事时，我没有愧疚，没有遗憾。"这是李宪义为黑龙江省农业机械化事业奋斗历程所秉持的工作理念与励志情怀。正因为有了这样的理念与情怀，他所为之奋斗的黑龙江省农业机械化事业也取得了辉煌的成就。2018 年黑龙江省农机化程度 97%，高出全国平均 30 个百分点；拖拉机保有量 161.4 万台，其中 100 马力以上 4.2 万台，农机亩均动力 0.254 千瓦，在全国最高，农机利用率全国第一，大型农机装备拥有量全国第一。李宪义在黑龙江省农机事业的技术科研、维修管理、教育培训、法治建设与产业升级方面做出杰出贡献，取得显著成就，无愧于他所秉持的工作情怀。

做科研　搞维修

李宪义是农机理论科研方面当之无愧的专家学者。1984 年 8 月至 1986 年 8 月，李宪义是《农家机械化》杂志的编辑，负责技术专栏编辑和通讯员队伍建设，在主题内容和技术研讨方向创新改革，该杂志获得 1985 年至 1986 年全国农机情报总网、全国农机科技期刊网优秀成果一等奖。1986 年 8 月至 1990 年 3 月，李宪义在省农业机械化研究所综合机械化研究室工作，他参加了"海伦县农业现代化综合试点"课题，进行"机械化学除草""小四轮拖拉机配套中耕犁"等项研究工作，其中"玉米机械化覆膜高产栽培技术研究"获得黑龙江省农机局科技成果三等奖。1986—1988 年，他又参加了国家科委下达、农业部南京农机化所主持的"农业适度规模研究"课题，进行大、中、小拖拉机对比试验研究，该课题获国务院农村发展研究中心 1988 年度优秀成果二等奖暨 1989 年度国家科技进步三等奖。

与此同时，李宪义对黑龙江省的农机维修，特别是拖拉机修理方面也做出了许多贡献。1990 年至 2000 年的 10 年里，李宪义在黑龙江省农机局从事农机修理技术行政管理工作，1997 年任农机局企管处副处长。这期间农业部农机化司修理处，组织开展了农机修理技术推广和技术研发。1990—1996 年，李宪义在黑龙江省农机修配管理站主持制定了《东方红－75 拖拉机节能技术改造规程》《小四轮拖拉机节能改造技术》等技术文件，这两项技术课题获得黑龙江省农机局技术进步二等奖。自 1992 年起，李宪义又组织开展了 195 型柴油机维修与节能技术改造，到 1998 年年末，黑龙江省共计改造了 30 万台小型柴油机，受到了农民的一致好评。

李宪义尽心尽力地推动农用链轨拖拉机与报废拖拉机再生技术的发展，帮助千万农民解决了农机修理难的问题。1986 年，省政府以黑政发〔1986〕26 号文件《关于发展黑龙江省农业机械化十一条意见》中确定对农用链轨拖拉机恢复性修理工时费给予补贴。1996 年省政府以办公厅文件下发了《关于黑龙江省进一步发展农业机械化的意见》，明确要继续实行农用链轨拖拉机恢复性修理补贴的财政扶持政策。从 1990 年开始，李宪义参与组织恢复性修理工作，制定修理标准，组织培训修理技术工人。1990—2002 年，补贴修理 3.9 万台农用链轨拖拉机。链轨拖拉机恢复性修理补贴为稳固黑龙江省大型拖拉机技术状态，节约能源，强化农业生产动力，保证农业生产的高效运行起到了积极有效的作用。为了创建农机修理服务形式，李宪义还主持制定了《黑龙江省农村农机包修管理规定》和《农机包修点评定标准》，到 1992 年全省开展包修的乡镇 1 006 个，占有条件开展包修的 92.3%，包修工人总数达 6 400 多人，包修大、中、小拖拉机 23 万台，成为保障农机技术状态的主力军。

1997—1999 年，李宪义在黑龙江省农机局企管处工作，时任副处长。为了确保农业机械技术状态完好，防止多年来投资更新的机具一荐烂，经过可行性调研，他积极促成省财政设立了乡镇中心农机修理网点技术改造项目，从 1997 年开始试点至 2001 年全省共改造 102 个厂点。在修理方式创新上，他组织乡镇中心农机修理网点开展流动修理服务，为装备修理服务车，装上了发电电焊两用机、小型钻铣床和工作台，走村串屯修理到田间地头，人们把农机流动修理服务称为"农机 120"。在此期间，他还积极组织乡镇中心农机修理网点技术工人的培训，普及设备仪器的使用维修、保养知识和农机修理新技术、新工艺，同时核发相应的工人技术等级证书。截至 2005 年，乡级农机修理厂点 350 家，共有个体维修厂 2 704 家，拥有近万名修理工人。

组培训　理条例

李宪义带领队伍，历经千辛万苦，开创了农机培训的新局面。2000 年机构改革，黑龙江省农机局隶属于黑龙江省农业委员会，相对独立。农机局内设监督管理、机械化生产、产业发展 3 个处。2002 年省编委批准设立农机教育培训处（挂靠监督管理处），按照农业部颁布的《农机成人教育暂行规定》《拖拉机驾驶员管理办法》，李宪义通过调研，协调黑龙江省农业委员会和省财政厅、省物价局联合下发了《黑龙江省农机驾驶员培训收费标准和使用管理暂行规定》，使农机驾驶培训进入了一个新时期。2002—2003 年，为了提高全省农机战线工作人员的整体技术水平，在李宪义带领下，开展了历时 1 年的农机培训工程，组织编写了《培训工程教材》，并举办骨干教师培训班。2006 年他组织开展农机校和农机驾驶培训学校标准化建设，按照《中华人民共和国道路交通法》规定，推进拖拉机驾驶培训实行社会化办学方式。同时，他组织完善了县（市）农业机械化学校的培训职能。按照农业部《拖拉机联合收割机驾驶员培训教学计划和教学大纲》，2004 年 11 月李宪义组织召开全省农机培训工作会议，推动省农业委员会组织下发了《黑龙江省拖拉机驾驶培训机构教员考核办法（试行）》，明确了省农机行政主管部门负责全省教员、教练员培训考核管理工作，规范了培训考核程序。

在他的带领下，黑龙江省农业机械管理局于 2005 年 5 月 16 日到 6 月 16 日举办了为期 1 个月的农机驾校师资认证培训考核工作，共培训了农机理论教员 334 名，教练员 103 名。这次全方位的师资培训认证工作，提高了师资水平，打开了驾校改革的局面，为深入开展社会化办学奠定了基础。

2005 年 7 月李宪义组织制定了《黑龙江省农机驾校办学基本条件验收标准》。截至 2005 年 7 月末，共有 77 个单位和个人申办拖拉机驾校，其中，市县农机校 65 个，县职教中心 6 个，股份制 2 个，个体 3 个，其他 1 个。

从 2001 年开始，李宪义协调配合省人大、省法制局开展调研，全面了解黑龙江省农业机械化发展中存在的问题，组织各类农机工作者座谈，参与组织起草《黑龙江省农业机械管理条例》立法报告和参与制定条例条文，2004 年 10 月 15 日黑龙江省第十届人民代表大会常务委员会第十一次会议通过，颁布了《黑龙江省农业机械管理条例》。为了更好地贯彻执行，李宪义组织编写《黑龙江省农业机械管理条例释义》。在条例颁布后的两年里，李宪义组织制定了《黑龙江省农机维修管理办法》《黑龙江省农业机械销售技术条件管理办法》《黑龙江省农业机械生产备案管理办法》，在他的努力下，黑龙江省农业机械化步入了法制化管理新轨道。

主推广　促合作

李宪义为黑龙江省保护性耕作技术的推广也做出了诸多贡献。2006 年 5 月 25 日，李宪义的老师中国农业大学高焕文教授，来黑龙江做保护性耕作报告，报告会由时任省农委副主任李文华主持，东北农业大学报告厅座无虚席，连过道都挤满了人，黑龙江省专家、学者、学生和部分县市农机管理推广人员，接受了保护性耕作的技术培训和启迪。李宪义全程组织报告会，并汇报黑龙江省保护性耕作的需求，转变了黑龙江只能翻地耕种的认识。农业部从 2006 年到 2008 年在黑龙江省兰西县开展保护性耕作示范，在这 3 年里，作为省农机局科教处处长，组织示范项目的实施，进行了保护性耕作机具性能验证、

等生产要素的优化配置，使得现代大农机和先进农业技术模式得到了广泛应用，提高了劳动生产率和土地产出率。

李宪义在现代农机合作社的基础上不断创新，建设性地开展工作。2012—2014 年，李宪义在省农委和农机局领导的正确领导下，带领监督管理处同志们，针对现代农机合作社经营面积不足、规模效益差、管理不够规范、机具配套有待于完善等问题，开展现代农机合作社规范社创建活动，制定了合作社规范创建标准，组织制定了《黑龙江省现代农机合作社装备更新暂行办法》，组织农机专家制定农机合作社装备招标产品目录，创新合作社发展经营情况网络版统计系统，完善黑龙江省农机调度指挥平台建设。

兴工业　重农业

黑龙江省虽然是农业大省，农机使用和消费量大，但农业装备制造却明显滞后。为了改变这种局面，李宪义在农机装备产业升级方面做出了很多努力。2008 年黑龙江省规模以上农机工业企业 87 家，固定资产 15.4 亿元；全省农机工业总产值 20.7 亿元，仅占全国 1%；本地产品占全省农机产品总销额不到 20%。2008 年，时任黑龙江省省长栗战书同志高度重视农业机械化发展，特别关注黑龙江的农机装备产业。2009 年 9 月局领导安排李宪义组织省农机研究院和省农机公司通过调查研究，起草了《关于组建黑龙江省农机集团的调研报告》，参加省国资委集团化推进经济发展的可行性研究，2009 年 10 月又和省工信委工业装备处到山东调研农机工业，联合起草了《黑龙江省农机装备产业发展规划》，材料一并报给栗战书省长，栗战书省长又布置省政府政研室对农机装备产业深入研究，李宪义参与时任政研室工业处长刘日平、副处长李清军领衔的对策研究。在大量调研的和不同部门多角度研究的基础上，栗战书省长责成省发改委制订了《黑龙江省加快发展新型农机装备制造产业实施方案》。2010 年 5 月 27 日，在和平邨宾馆召开全省新型农机装备制造产业发展大会，栗战书省长做了讲话，科学部署用 3 年时间振兴黑龙江

省农机装备制造业，立下主营业务收入超过 100 亿元的目标。新型农机装备制造产业领导小组办公室设在省农委农机局。在各方的共同努力下，2013 年农机装备制造业规模以上企业主营业务收入达到了 122.8 亿元。

李宪义是农业部主要农作物生产全程机械化推进行动专家指导组的成员。2016 年 6 月，李宪义被聘为农业部主要农作物生产全程机械化推进行动专家指导组成员，担任大豆全程机械化专家组组长。到目前近 4 年的时间里，李宪义和专家组成员研究制订了《北方大豆大垄密植全程机械化技术模式》和《黄淮海地区大豆全程机械化技术模式》，先后到内蒙古、黄淮海地区、黑龙江省和湖北江汉平原调查指导，在内蒙古和黑龙江举办大豆技术全程机械化培训研讨班，提出《江汉平原提升大豆机械化技术水平建议报告》，每年都撰写全国大豆全程机械化发展报告。李宪义用农业机械化技术经济分析的方法，深入田间农户取得实际数据，精确分析大豆种植成本，为推进大豆种植制定补贴政策和农业部制定农机化发展形势分析提供了实用的信息。

钟我所爱，农机情怀。对李宪义而言，他所钟爱的便是自己为之奋斗的农机化事业，而为自己所爱的事业奋斗一生、坚守一生就是他发自内心的励志情怀。尽管世事繁杂，他心依然，情怀依然；尽管挫折不断，脚步依然，创业依然；尽管时光流转，初心依然，奉献依然。

惠立峰，1952 年 6 月生，陕西省富平县人，中共党员。1977 年毕业于西北农林科技大学机电工程学院（原西北农学院农机系农机设计制造专业），2009 年退休时任陕西省农业机械管理局副巡视员。

惠立峰大学毕业后被分配到陕西省农林局农机处工作，1978 年元月起在陕西省农业机械管理局工作直至退休。1978—1983 年在管理处工作，1984—1985 年任办公室副主任，1985—1992 年任科技教育处主持工作的副处长，1992—1995 年任局安全监理处（陕西省农机安全监理总站）处长（站长），1994 年 12 月起任陕西省农机局副局长；2009 年任陕西省农机局副巡视员。

君子之风　惠立峰

北跨黄土高原，南跨汉水上游，作为中华文明的重要发源地——陕西，名胜古迹星罗棋布，稀世文物灿若星辰。如今的陕西省，其农业机械化事业也发展迅速，从科研到推广，从教育到培训，从生产到管理，陕西农机化事业的方方面面离不开一个黄土高原上的农机瞭望者——惠立峰。

惠立峰从 1974 年上大学时就抱定"终身立志于党的农机化事业"的决心，直至 2017 年从陕西省农机安全协会理事长岗位上退下来，40 余载，基本没有离开过自己毕生钟爱的农机化事业。先后直接从事或分工负责过农业机械法规政策、机务技术管理、科研与推广、中专教育和成人教育、制造修理、职业技能鉴定、机械化生产、安全监理、服务体系建设以及局机关事务管理、党务工作、信访工作、工会工作和老干部管理工作等，基本涵盖了农机化事业的方方面面。

主管理，促推广，引领农机科技潮流

惠立峰是陕西省农业机械化机务技术管理的牵头人。在农业机械机务技术管理方面，为摸清陕西省各类农业机械保有量、技术状态和在各地的适应性，1982 年，按照领导安排由惠立峰负责牵头，组织全省地县农机系统及乡村两级近 10 万人，对全省所有农业机械进行了一次全面普查。从普查范围、内容、标准、步骤和方法的设计到搞普查试点，从培训普查骨干人员到面上普查督导，都是亲力亲为。历经 1 年，完成了全省 14 大类 420 万台（件），

条件的 67 所市县农机化技术学校纳入成人教育序列,占农机化技术学校总数的 70%,这一工作走在全国前列。教职工享受到了教育系统应有的待遇,稳定了教师队伍。惠立峰还主持编写了《基层农机化管理》一书,作为全省农机化管理干部培训教材。1992 年,惠立峰被农业部授予"全国农机成人教育先进工作者"称号。

惠立峰坚定守好陕西省农业机械化生产的安全关卡。在农机安全监督管理及法规建设方面,从 1992 年开始到 2009 年退休,惠立峰在农机安全监理和法规建设方面倾注了相当大的精力,逐步解决了多年来制约农机监理发展的法规缺失问题、收费标准问题、制度建设问题、执法规范问题、执勤标志问题以及农机事故频发等诸多问题。一是于 1995 年和 2000 年,惠立峰分别主持制定并申报省政府颁布了《陕西省农机安全监督管理办法》和《陕西省农业机械事故处理办法》两部政府规章;1997 年主持制定并申报省人大常委会颁布了《陕西省农业机械管理条例》,分别从省级政府和人大层面为农机监理部门解决了农业机械(包括农用运输车)安全监督管理授权问题乃至整个农业机械化管理执法依据问题。随后,主持起草并分别以陕西省农业厅、陕西省农机局名义颁布了《陕西省农业机械安全操作规程》《陕西省农机行政执法责任制管理办法》《陕西省农机安全监理执法人员管理办法》《陕西省重特大农机安全事故应急救援预案》等 20 多个与地方性法规和政府规章相配套的规范性文件。陕西农机监理工作和法规建设受到时任农业部农机化司领导的充分肯定。为普及法律法规知识,惠立峰亲自编写农机法规培训教材,在陕西全省农机工作会上或在各市县巡回讲解。二是在 1994 年,惠立峰反复多次向省公安厅、财政厅反映农机安全监理因执勤标志和证件不合规、不统一而影响执法效果的问题,得到两个部门的理解和支持,达成共识,最终以省农业厅、公安厅、财政厅的名义联合发文,统一了全省农机安全监理各种执勤标志和证件,为农机安全监理工作顺利开展创造了条件。三是按照农业部和陕西省政府的部署安排,连续多年组织开展农机安全专项治理、农机安全生产月、创建"文明监理优质服务"示范窗口和"平安农机"等重大活动,促使陕西省农机安全生产多年来保持了平稳态势，为陕西经济发展和社会稳定做出了重要贡献，为此，省政府于 2002 年和 2003 年两年给予了嘉奖。四是为提高农机监理人员综合素质，除了完善各种管理制度外，连续多年对他们进行军事化训练和岗位培训，大大提高了农机监理执法水平和服务能力。2009 年，惠立峰被中国农机学会监理分会、中国监理杂志社和中国农机推广网推选为"新中国成立 60 周年农机安全监理功勋人物"。

重实践，强理论，促进农机持续发展

惠立峰始终坚持"尽心尽力以人为本，诚心诚意为人民服务"。在农机化生产、职业技能鉴定及服务体系建设方面，一是连续 10 多年坚持每年组织以跨区作业为主要形式的机械化生产，使陕西省的农作物耕种收综合机械化率每年平均以 2 个以上百分率提升。二是突出抓了陕西全省农机修理从业人员职业资格培训、认证、基层农机维修网点的资格认证工作，彻底改变了农机维修行业多年来无人管理、网点杂乱、修理人员素质差、修理质量没有保证的乱象。三是适应市场经济发展需要，不断探索新形势下农机化服务组织形式，积极组织发展农机专业合作社、创建农机协会（服务公司）、培育专业大户等各类新型农机服务主体 3 400 多个。尤其是在全国率先创建的农机安全协会，10 年来吸纳会员累计达到 26 万人（次），大胆探索、创造性地

开展农机安全互助保险工作，收到了"集千家之力解一家之难"的良好效果，得到了全国人大常委会原副委员长张宝文、农业部部长韩长赋、中央财经委领导小组办公室、国务院农村综合改革办、农业部政策法规司和农机化司以及陕西省政府等部门和领导的肯定，经验推广到湖北、湖南、河南等省，协会工作被省民政厅授予"五星级社团组织"。惠立峰以陕西省决策咨询委员会委员名义向省委省政府提出建议，要求陕西省财政给予投保农机手保费补贴，惠立峰的建议受到省上领导和有关部门的重视，陕西省财政厅专门发文，从2012年起，对参加农机安全协会会员（农机手）按投保费的40%予以补助，从而大大减轻了农机手负担。《农村金融时报》《中国农机监理》《陕西日报》等多家新闻媒体对陕西省开展农机互助保险工作进行了宣传报道，陕西省委政策研究室进行了专题调研并给予肯定。

惠立峰不断探索陕西省农业机械化事业的理论道路与实践途径。在农机化调查研究、理论探讨和学术交流方面，在职32年期间，惠立峰先后在《中国农机化报》《中国农机安全报》《中国农机化》《农机科技推广》《调研

与决策》《陕西工作交流》《陕西农机化》《陕西成人教育》等部省级报纸刊物和中国工程院、中国农学会、中国生态学学会、中国农业工程学会、陕西省农机学会、陕西省农业工程学会等学术组织发表涉及粮食机械化生产、农机化科技教育、安全监理、政策法规体系建设等各个方面学术论文和调研报告 30 余篇，其中收录在有关专著、专辑中 5 篇（中国工程院论文专辑 1 篇），获奖 7 篇（其中获全国性学会一等奖 2 篇、陕西省委省政府二等奖 1 篇）。1989—1993 年，他主持编写《基层农机化管理》一书作为农机化管理干部培训教材正式出版发行。2005—2009 年，他被陕西省省委政策研究室聘为特约研究员。工作期间，曾先后 8 次被中国农机学会、中国农业工程学会和陕西省科协评为科普先进作者和学会优秀工作者。

"老骥伏枥，志在千里。"2009 年惠立峰从农机化管理工作岗位上退休后，除继续担任陕西省农机安全协会理事长（直至 2017 年换届）工作外，2010 年至今，先后被陕西省委、省政府决策咨询委员会和陕西省老年科协农业分会聘请为陕西省决策咨询委员和老科协农业分会副会长，继续从事"三农"领域尤其是农机化调查与研究工作。9 年来，主持并亲自起草了《"十二五"陕西省农业机械化发展规划》，参与和主持陕西省决策咨询委员会调研课题 10 余个，本人主笔向陕西省委、省政府起草专题调研报告 8 篇，其中获一等奖 1 篇，二等奖、三等奖各 2 篇。结合农机专业特点，以决策咨询委员个人名义向陕西省委、省政府提建议 5 篇，涉及农机节水抗旱、农机互助保险、保护性耕作、农作物秸秆综合利用和粮食生产机械化等内容，其中获省决咨委二等奖 1 篇。2015 年，被陕西省委组织部和省委老干局授予"优秀离退休干部"荣誉称号。

一个人的生命是有限的，在惠立峰的眼里，陕西省的农机化事业却还有无限的未来，他也将在今后，继续发挥余热，履行好陕西省决策咨询委员会委员和陕西省老科协农业分会副会长职责，充分发挥自己的余热，积极地为陕西省农机化事业建言献策。生命不息，奋斗不止，我们相信，这位在黄土高原上坚守一生的农机瞭望者还将会为陕西省的农业现代化事业增添新的色彩！

林建华，1954 年 2 月生，山东栖霞市人，中共党员，研究生学历，1970 年参加工作。先后在聊城内燃机厂、共青团山东省委、中共齐河县委、山东省农业委员会、山东省农业机械管理办公室（局）、山东省农业厅工作。先后担任山东省农业委员会党组成员、副主任，山东省农业厅党组成员、山东省农业机械管理办公室（局）分党组书记、主任（局长），山东省农业厅巡视员。受聘担任山东农业大学、青岛农业大学兼职教授，山东社会发展研究中心、青岛农业大学中国农村发展研究中心研究员等。曾任中国农机学会农机化分会副主任委员。他在工作期间，根据山东农业农村工作和农机化发展的全局需要，较早提出了"立足大农业，发展大农机，服务新农村"的农业机械化发展战略，领导山东在普及小麦机收的同时，突破了玉米机收发展瓶颈，在全国率先实现了玉米生产全程机械化。他及时地推动工作重点转移到主攻经济作物机械化上来，使山东主要农作物耕种收综合机械化率走在了全国前列。他曾参加中国工程院组织的"中国农机化发展战略研究"重大咨询项目的研究活动，参与了"北方农机化发展战略研究"分课题研究，主持"山东省玉米收获机械化发展研究"课题，荣获山东省软科学优秀成果一等奖。编著出版了《山东农业和农村经济战略性结构调整》《玉米收获机械化在山东的创新与发展》《农业机械化的探索与创新》《现代农业发展研究与实践》等著作。

儒将　林建华

"咬定青山不放松，立根原在破岩中。千磨万击还坚劲，任尔东西南北风。"人有坚贞不屈之志，竹有端直挺拔之节，林建华就如同这高风亮节之竹，雪压不倒，风吹不折，牢牢扎根在山东农机这片广袤土地上，用无穷无尽的力量与勇气开创了山东农业机械化工作的新局面。

长路漫漫，人生难免坎坷不断，只有对自己的信念怀着无比崇高的坚定，方可矢志不渝，坚守住那一方天地。2000 年年初，林建华开始到山东省农机管理办公室（局）工作，至今为止，他主政山东农业机械化管理工作已达 12 年。在他的带领下，山东农机系统广大干部职工全力以赴，团结一致，开拓创新，极大程度上促进了山东省的农业机械化工作的发展与进步。到 2011 年年底，全省农机总动力达到 1.21 万千瓦，拖拉机 247 万台，联合收获机 20.1 万台，主要农作物耕种收综合机械化率达到 79.5%，其中小麦、玉米生产基本实现了全程机械化，为全国农业机械化的发展提供了很好的借鉴经验。

谋划确立农机化发展战略

林建华到省农业机械管理部门工作后，首先深入各市县进行工作调研，并到中国农业大学、山东农业大学、青岛农业大学等高校求教，紧密结合山东农业和农业机械化发展实际，在全国较早提出并实施了"立足大农业，发展大农机，服务新农村"的发展战略，为全省农业机械化发展确立了发展思路，指明了发展方向。他积极参加了中国工程院组织的"中国农机化发展战略研究"重大咨询项目的研究活动，参与了"北方农机化发展战略研究"分课题研究工作，在此基础上，针对不同时期山东农机化发展重点，深入分析并先后总结提出推进农业机械化技术创新、管理创新、机制创新、农机服务产业化创新，培育和发展农机作业、销售、维修、运输四大农机服务市场等一系列新思路、新理念、新观点，均纳入了山东省政府关于发展农业机械化的意见文件之中，为推动山东农业机械化事业发展、加快农业机械化理论创新贡献了力量。

聚力突破玉米机收发展瓶颈

在全省小麦收获机械化基本普及的时候，林建华清醒地认识到，玉米机收是我国 3 大粮食作物耕种收机械化环节中最困难、最薄弱、机械化水平最低的突出瓶颈，也是主要粮食作物全程机械化关键性制约因素。他及时带领全省上下转移工作重点，确定玉米机收作为农机化发展的第二次战役，把实现玉米收获机械化提上了工作的重点位置。他提出了以玉米收获机械化为首位的"山东省农机化创新示范工程"，并写入了省政府《关于加快发展农业机械化的意见》。为了加快山东玉米收获机械的创新发展，他带领同志们到京冀豫等地生产厂家考察取经，跑遍了省内外的玉米机械生产厂家，了解制约因素、研究发展方略、提出攻关重点、制定发展规划、解决实际问题。省里成立了玉米联合收获机行业协会，搭建机具研发创新平台，组织农机产、学、研、推等各方面力量，攻克了玉米穗茎兼收、根茬破除、鲜棒脱粒等玉米机收关键技术，研制生产出了适合黄淮海流域为主、面向全国的悬挂式、互换割台和自走式多型号、多品种、多功能的玉米联合收获机械系列产品，保证了全省玉米联合收获机械化快速发展的需要。省里每年都将 80% 以上的国家和省补贴资金用于发展玉米联合收获机及配套动力机械，每年还向省里争取 1 600 万元，用于玉米机收秸秆还田作业补贴。山东先后投入用于发展玉米收获机械化的补贴资金 20 多亿元。林建华还与中国农业大学白人朴教授共同主持了"山东省玉米收获机械化发展研究"课题，对山东玉米收获机械化发展的思路、模式、措施进行了系统全面深入的研究论证，提出了山东"中部率先发展、东部加快步伐、西部跨越提升、全省整体推进"的玉米收获机械化推进战略。省里把玉米收获机械化的发展情况作为考核各地农机化创新工作的重中之重。林建华带领大家跑遍了全省玉米种植市、县及重点乡镇，广泛开展"大培训、大推广、大普及"活动，省、市、县、乡层层召开现场会、展示会、演示会，级级建立玉米收获机械化创新示范基地，坚持不懈地进行现场示范工作引导，还专门邀请中国工程院8位院士和全国知名农业、农机化专家来鲁对推进玉米收获机械化进行把脉支招。经过10多年的奋力拼搏，山东创造了玉米收获机械化年均递增10%以上的"山东速度"，培育打造了桓台"中国玉米收获机械化第一县"，使山东玉米机收水平跃上了70%以上的大关，标志着山东小麦、玉米两大粮食作物基本实现了全程机械化。

适时推动经济作物机械化

在玉米收获机械化突破之际，林建华审时度势地提出了把农机化发展重点转移到经济作物机械化上来的要求，拉开了农业机械化发展的第三次战役。研究确立了"突出特色、先易后难、先急后缓、稳步推进"的工作原则，制定了全省推进经济作物机械化发展的意见，明确了发展思路目标、任务重点和推进措施，规划出山东推进经济作物机械化发展的任务书、路线图和时间表。把花生、马铃薯、棉花、大蒜、生姜、大葱、黄烟、茶叶8大优势经济作物机械化发展列入创新示范工程。充分发挥农机部门的主导作用，整合各个方面的资源，全力支持重点农机生产企业，坚持产、学、研、管、推、销相结合，自主创新与引进消化吸收再创新相结合，破解关键技术难题，着力解决经济作物机械从无到有、从少到多、从有到优的问题。把花生，马铃薯播种、收获，蔬菜移栽等机械列入山东省农业重大应用技术创新项目，加大攻关研发力度。引进国外的大蒜、棉花收获等机械，加快示范推广速度。从省到乡镇坚持实施级级建立示范基地，逐级组织现场演示，逐级开展宣传培训的办法，组织技术人员做给农民看，带着农民干，一种机具一种机具地演示，一个环节一个环节地突破，一类作物一类作物地示范，加速经济作物机械化技术进村入户步伐。到2011年年底，山东主要经济作物机械化有了大的发展，特别是花生生产机械化水平达到了65%以上，棉花生产采收机械化实现了零的突破，开创了新的局面。

提供保证创新发展服务组织

林建华认为，农机化的快速发展需要农机服务组织提供有力的支持和保证，农机服务组织是农机化发展不可或缺的重要内容。他提出了实现农机服务组织化、规模化、市场化、产业化的思路，要求用现代工业的管理理念、市场激励的办法规范、管理、推动农机服务组织发展，实现农机作业由单户作业向合作化作业、规模化作业转变。全省坚持把培育发展农机社会化服务体系作为提高农机化作业水平的关键措施。首先狠抓了规范化管理。省里制定了加快农机合作社和农机协会发展的指导意见，提出了农机合作社发展"有完善的基础设施、有健全的财务制度、有良好的运行机制、有较大的服务规模、有显著的综合效益"的"五有"要求，促其全面、健康、快速发展。再是加大了政策扶持力度。在购机补贴中把农机服务组织作为重点扶持对象，优先进行支持。每年还专门安排600万元资金对农机合作社的农机场棚库建设进行补贴扶持。同时，通过各级农机协会加强了对农机服务组织领头人的培训和激励工作，引导他们走在前、做表率，在农机化生产中担当主力军。到2011年年底，山东各类农机服务组织已达到60多万个，其中农机合作社已发展到3 450个，达到了平均一乡两社，为全省农机化事业的发展提供了坚实而可靠的保证。

"咬定青山不放松"的竹子，青翠挺拔，是永远都坚强无畏的不朽之木。林建华就如同这凌云志竹，深深扎根在山东省农机化发展这片土壤上，无论是遇到玉米机收的发展瓶颈，还是经济作物机械化的困难桎梏，他始终坚韧不拔，锐意进取，为新时代的山东农机化事业书写了新的篇章。

人物卷

十一

尚书旗

尚书旗，1958年9月生，山东青州人，中共党员，工学博士、博士生导师、二级教授。我国农业机械设计制造专家，世界种业生产机械化技术与装备领域学术带头人，全国高校黄大年式教师团队（农业机械）首席专家，享受国务院政府特殊津贴。现任青岛农业大学机电工程学院院长，国际田间试验机械化协会（IAMFE）主席、中国分会主席，新疆维吾尔自治区新疆农业大学天山学者，中国农业工程学会常务理事，山东农业工程学会副理事长等职务。30多年来，尚书旗一直从事农业机械教学、研究与推广，围绕"农业的根本出路在于机械化"的国家重大需求，重点在农业装备播种、收获理论和精密播种、高效联合收获、田间育种机械的关键核心技术方面取得了一批重要创新成果，对农业机械教育体系改革做了大量工作，培养了大批农业机械专门人才，促进了农机农艺的深度融合和我国农业全程机械化的发展。

心无旁骛 尚书旗

专注，是一种可贵的品格，因为专注，所以能够成功。

尚书旗，专注于农业机械科研教育三十载，心怀"助农民挺直腰杆"这个朴素的愿望，坚持不懈、坚定不移地行走在农业机械科研教育这条并不平坦的道路上。

三尺讲台映初心 桃李满天下

"把最先进的农机技术推广到农村，提高我国广大农村落后的生产力，改变农民'面朝黄土背朝天'的耕作方式"是尚书旗孜孜以求的梦想。如何实现这个质朴而伟大的梦想？"多育人、育成材，我的学生们代表了农机事业的前程，引导他们认识、了解，进而爱上这个事业，是我的职责和使命。"

严于己，而后勤于学生。尚书旗教书育人数十载，桃李满天下，近万名毕业学生遍及全国各地，他们中有教授专家、行业领军人才、技术精英，绝大部分成为我国农业机械化领域的主力军，为我国农业机械化的发展做出了突出的贡献。他本人获得过全国五一劳动奖章，也先后获得了山东省教学名师、山东省高等学校优秀共产党员、山东省先进工作者、山东省优秀教师、山东省优秀研究生导师、山东省教书育人楷模、青岛市最美教师和感动青岛年度人物等荣誉称号。

作为学科带头人，尚书旗组建的团队培养了一大批优秀的中青年教育与科技创新人才，尤其是实现了对农业机械教育体系的创新改革，提出了"创新实践应用型"农业工程类专业人才培养模式，教学与科研并重，建立了农学、工学、管理相互融合，课堂、实验、实践相互结合，生产、教学、研究校内外相互联合的农业工程类研究生人才培养模式，取得了一系列领先的标志性成果，形成了富有特色的农工类创新培养体系，分别荣获山东省高校教学成果一、二等奖（个人首位）。他所执教的农业机械化及其自动化专业，获批国家一流专业和首届山东省高水平专业建设立项，他所在农业机械化工程专业为省重点学科，带领青岛农业大学农业机械教师团队创建了以赛促教、以赛促学、以赛促创、以赛促改等多动力融合驱动的大学生创新体系，团队共计取得"挑战杯"全国特等奖等国家级特等奖 16 项、一等奖 20 项、二等奖 100 余项。软科发布 2019"中国最好学科排名"，青岛农业大学农业工程一级学科位列全国第六，成功跻身全国前十。

专注科研三十载　坚定不动摇

早在 20 世纪 90 年代初，从事农业机械研究的尚书旗，开始将目光瞄准花生播种和收获机械研发。无疑，他给自己挑了一块最难啃的"硬骨头"。在所有作物里，以花生为代表的在地下收获类作物，一直被认为是机械化的难题——它们长在土里，看不见摸不着，不容易实现机械化，而花生又可以说是难题中的难题。既然如此，为什么选择花生呢？明知山有虎，偏向虎山行吧！播种与收获两大环节的机械化水平，直接影响花生产业的稳定与发展。但其技术理论匮乏、核心技术缺失，导致机具装备发展严重滞后，成为制约我国花生产业发展的主要瓶颈。尚书旗带着自己的团队向着最难的农机领域进发，并且一战就是三十年。从花生播种机、收获机到根茎类作物生产机械，

再到作物育种机械装备。功夫不负有心人，在 2017 年度国家科学技术奖励大会上，由青岛农业大学作为第一完成单位、青岛农业大学机电工程学院院长尚书旗教授作为第一完成人主持完成的"花生机械化播种与收获关键技术及装备"项目获国家科技进步二等奖。

荣誉背后，有瞄准目标决不放弃的坚定，更有他多年来殚精竭虑的付出，他的日程表中没有周末、节假日，由于忙工作不着家，尚书旗教授没少被夫人唠叨，连夫人唠叨他的话，都已经成为团队笑谈"早些年忙工作，家就是旅馆；这几年连旅馆都算不上了，已经升格为钟点房了！"业内朋友开玩笑说他跟"超人"的区别是没有"内裤外穿"，并戏送对联——上联：办公室，一桌椅，一沙发，日夜艰苦奋战；下联：回家中，妻子怨，儿不解，笑问客从何来；横批：还得加油干！尚书旗教授说自己是农家长大的孩子，深深懂得中国农业机械化对农业、农村和农民的意义。获奖当然高兴，但最开心的事儿，还是开车经过花生地边，看到有农民正在地里用自己研发的机器，过去聊几句。每当听到老乡说"好用"，自己就有一种油然而生的成就感、自豪感。

有人说，根茎类作物机械化无解，我们实现了突破；有人说：田间育种机械太难，我们填补了空白；有人说，芝麻智能种收困难，我们开辟了新路；有人说，打结器技术国外封锁，我们打破了垄断，凭借着一股"钻牛角尖"的韧劲儿，尚书旗教授带领青岛农业大学农业机械科研团队，拉弓没有回头箭，一战就是三十年。科研上，任务重，加班深夜家常便饭；团队中，人手少，努力做好传帮接带；常深入田间调研，必须要与时间赛跑；日行 3 000 公里路，有序推进项目进展，曾 7 天做出急需样机，3 天 3 夜打造智能化方案。敢想敢干，方能勇往直前！不畏艰难，勇挑重担，只为让农民"挺直腰杆"。

尚书旗长期从事田间育种机械和根茎类作物机械化关键技术的研究。现为国家公益性行业（农业）科研专项经费项目首席专家，国家"十一五""十二五""十三五"科技支撑计划项目主持人。他先后主持完成了国家科技支撑计划项目、国家"948"项目、国家农业科技成果转化项目、山东省科技攻关项目等国家及省部级课题 31 项，个人主持科研总经费达 2.6 亿元。系统创新了花生机械化播种和收获的理论方法并应用于技术装备，为花生产业的发展提供了机械化理论基础与技术支撑；集成突破了根茎类作物共性的系列机械化关键技术，创建了根茎类作物播种与收获的共性核心技术体系，实现了根茎类作物机械装备的推广应用；研发推进了作物新品种繁育机械化关键技术与产品的研发，成果推广应用实现了产业化，共获得 29 项科研成果，17 项成果总体技术居国际领先水平，获得了显著的经济和社会效益。先后获得国家科技进步二等奖 2 次，农业部中华农业科技奖优秀创新团队奖（等同科研成果一等奖）1 次，国家教育部科技进步二等奖 1 次，山东省科技进步一等奖 1 次，山东省农机创新一等奖 1 次、山东省科技进步一、二、三等奖各 1 次，成果在我国 30 个省（自治区、直辖市）、21 个国家和地区大面积推广应用，年直接效益 3 亿元以上，新增农民收入 54 亿元，应用作业节支总额 165 亿元。发表论文 197 篇，出版专著教材 8 部，获国际专利 3 项，中国专利 231 项，其中发明专利 79 项。培训技术人员 3.97 万余人、新型职业农民近万人。被聘为中国科协"首席科学传播专家"，先后获得全国优秀科技工作者、中华人民共和国成立 60 周年农机推广功勋人物、中国农业机械化发展 60 周年杰出人物、山东省科技兴农先进个人、齐鲁最美科技工作者等荣誉称号。

推动产学研合作　开创新道路

2008 年至今，尚书旗一直任国际田间试验机械化协会（IAMFE）的主席，他也是首次在具有 55 年历史的国际组织中担任主要领导人的中国人。他将该组织总部由俄罗斯圣彼得堡农业大学迁到了中国，使我国成为国际田间试验机械化技术交流的主阵地，为世界年均 20 余国家的学者、行业单位等进行了培训和技术支持，深入开展国际合作与战略研究，推进学科与创新团队发展，作为学科带头人组建的团队培养了一大批优秀的中青年教育与科技创新

人才，对世界田间试验机械化的发展和应用发挥了重要的无可替代的作用。

在社会服务方面，他始终坚持协同创新，强化应用，持续推进校企合作的深度与广度。2016 年和 2017 年，连续两届获得中国产学研合作创新奖；获批"农业农村部黄淮海产区甘薯全程机械化科研基地"1 个，山东省主要农作物机械化生产装备协同创新中心等省级科研创新共享平台 4 个，"青岛市花生生产装备工程研究生中心"等地厅级科研平台 4 个，走出了产学研合作、社会服务的创新之路。通过农机研究领域的成果转化，组织建立了 32 个专家工作站和科研教学实践基地，全面合作的单位实现了多项新的突破，其中山东源泉机械有限公司创造了世界第一台 3 垄 6 行的秧果兼收型花生联合收获机、青岛弘盛汽车配件有限公司成为国内第一台花生联合收获机，世界第一台 2 垄 4 行花生联合收获的生产制造企业，青岛明鸿农业机械有限公司成为中国最大的花生有序铺放收获机械企业，青岛洪珠农业机械有限公司成为国内最大的马铃薯机械制造企业，占据马铃薯机械 60% 以上的份额，青岛普兰泰特机械有限公司成为青岛农大种业装备的转化基地、国内最大的种业生产装备制造企业。

"雄关漫道真如铁，而今迈步从头越。"如今，尚书旗教授带领团队拥有根茎类作物生产装备、现代种业生产装备两大现代农业生产装备研发核心优势，同时已经拓展出果园机械化生产装备、芝麻机械化生产装备、中药材机械化生产装备 3 个延伸特色，在花生和马铃薯、大蒜、胡萝卜、甜菜等根茎类作物生产装备和种子繁育装备上仍在寻求新的突破，全面构建"高水平的项目、高水平的团队、高水平的平台、高水平的基地、高水平的专家、高水平的成果"6 高工程贡献自己的力量，努力为我国农机化事业发展做出新的更大的贡献。

NONGYE JIXIEHUA YANJIU

　　徐超，1982 年生，山东人，中共党员。2004 年毕业于山东农业大学工学院，农业机械化及其自动化专业，获工学学士学位，2006 年在中国农业大学工学院农业机械化工程专业获硕士学位。曾任西藏自治区农牧厅农业机械化管理处副处长。

年轻的"老西藏"　徐超

　　"雪域高原，天上西藏"。提到西藏，许多人都会想到这句话。这里有最蓝的天，最干净的水，最美丽的冰川和最朴实的人民，神山圣湖，天高云淡，这一切，圣洁而神秘，令无数人魂牵梦绕，心向往之。徐超，也曾是这无数人中的一个。

　　徐超是个80后，在农机化这一行，他还很年轻，然而他却是个扎扎实实为西藏农机化事业奋斗了13年的"老西藏"。

　　13年前，由于西藏农机化公共服务体系在"九五""十五"期间经历多次重大变化，绝大部分农机行政管理和公共服务单位在机构改革中没有得到保留，整个西藏农牧体系中专职负责农机化工作的人员不足10人、省级层面只有1人，全区正处在农机化管理和服务"线断、网破、人散"的困难时期。当时西藏的农机化缺少了行政推动，寸步难行。全区农机化发展缺乏科学长效的保障机制、长期稳定的扶持政策和完善有效的规划支撑，各类投入渠道均不稳固、发展思路尚不明晰，新机具引进试验、技术示范推广等工作陷入停滞状态；农牧民群众受经济条件制约无力承担农机具特别是动力机械购置费用，全区农机市场发展缓慢，很难形成完整的农机供需链条，农机装备总量仅仅有不到6万台（套），加之农机农艺结合问题也没有得到有效解决，农机化对农牧业发展的贡献水平十分低下。这个刚刚研究生毕业的山东小伙儿满腔热情地来到这个他心中的圣地，准备撸起袖子大展拳脚的时候，面临的就是这种情况。

　　工作伊始就面临不利局面，压力巨大，梦想和现实之间的落差让年轻的徐超陷入了迷茫，站在人生选择的路口，他到底该何去何从？低落的情绪并没有持续多久，这个骨子里都带着倔强的山东小伙儿问自己，别人不能干的，我为什么不能？别人能干的，我为什么不能更好？捏着一把劲，徐超怀着更大的激情投入了纷繁的工作当中。2006—2010年，遵照西藏党委政府总体部署，在西藏农牧厅党组的具体指导下，他全程参与了西藏农机化机构筹备和编制落实工作，围绕监管体系建设中"整合、重组、衔接、理顺"等重大事项开展了大量基础性工作。西藏农牧厅农业机械化管理处于2010年挂牌成立后，他作为主要负责人员，又推动了西藏农业机械化政策体系、市场体系、科研体系、服务体系的不断完善和强化。至2019年他离开农业机械化管理处时，西藏农机化向"全程、全面、高质、高效"升级的制度框架已基本形成，在发展方式上实现两个转变，即在增长模式上，由投资和政策拉动逐步朝着创新和需求拉动转变；在驱动模式上，由行政手段驱动逐步朝着市场手段驱动转变。

徐超是西藏农机化事业实现由"无序发展"向"依法促进"这一历史性转折的亲历者、推动者和见证者。他主持起草并推动出台的《西藏自治区人民政府关于加快农业机械化发展的意见》，是"九五"以来西藏出台的最重要的一个农机化政策性文件，成为指导西藏"十二五""十三五"时期农机化发展的重要纲领性文件，确立了农业机械化在西藏经济社会发展特别是建设现代农业中的战略地位，成为西藏农机化发展进程中一个重要里程碑。他建立了西藏第一个覆盖市场、农户和田间的农机化惠农政策体系，在中央和自治区层面为西藏农机化发展争取了农机购置补贴提标扩面等多项特殊优惠政策，完善了多元化、多层次的投融资机制。他设计并推动出台的农机深松整地作业补助政策，成为西藏第一个全区性农机作业补助政策，单项措施成为促进全区农业综合生产能力提升的"强心剂"。2006年以来，他累计协调落实各类政策资金近17.5亿元，为西藏更新先进、适用、绿色农业机械近28万台套，推广农机深松整地作业技术85万多亩，各类政策惠及群众21万户，促进了全区农机流通体系和作业服务体系的加快成熟。他在西藏建立了首个由政府与社会资本合作的主要粮食作物、饲草料生产全程机械化示范推广模式，探索和形成了以政府购买服务、全程全套提供集成技术的解决方案，多年来在全区累计示范推广主要农作物生产全程机械化技术 10 万多亩。他组织举办的西藏首届青稞、青饲玉米生产全程机械化展示观摩活动，受到西藏主要领导高度评价。依托全程机械化技术示范推广，他于 2017 年牵头启动了西藏高原地区农机适应性问题研究工作，通过政企联合，不断探索解决特殊自然、地理、文化环境下农机使用与改进的关键技术难题，统筹研究解决农机与农艺融合不充分、品种与机具发展不协调、生产与经营步调不一致等问题。他为西藏构建完善了符合区域特色的专业化、市场化、社会化相结合的新型农机经营体系，建立了一套扶持社会化服务发展的政策措施，形成了以农机作业服务公司为龙头、农机专业合作社为骨干、松散型农机社会化服务协会为支撑的新型社会化服务体系，积极推动税收、金融、保险等支持农机社会化服务发展优惠政策落地。西藏各类农机社会化服务主体从无到有、蓬勃发展，到 2018 年年末，已建成并运转较为规范的农机合作组织总数达到 95 家，年社会化服务作业面积达到 90 万亩。他在技术力量极其匮乏、人员流动十分频繁的局面下，耗费 10 多年时间在全区建立起了农机化部门统计制度，形成

了一套符合实际的基层农机化统计方法和数据交汇技术流程，不断完善农机化统计基础数据资源，强化统计手段应用，统筹整合数据力量为农机化发展服务，推动全区市一级农机化部门统计体系基本形成。他从农机化供给和需求两侧入手，围绕完善准入机制放活流通市场、明确事权划分推动简政放权、淘汰落后产能加快结构调整、促进全面敞开实现政策普惠、强化市场机制提升主体地位、强化风险防控确保阳光管理、改变商事制度贴近群众需求等多个方面，提出并制定农机化结构性改革重大举措。他推动西藏农机信息化建设，建立了政务信息公开和政企双向交流机制，在政策执行和行政管理层面主持建设信息化平台，促进了农机化政务公开和管理手段创新。他依托农机化作业服务惠农政策实施，提出积极培育农机化作业服务市场的改革措施，首次在市场层面真正实现了政府购买社会化服务，使全区 90% 以上的农机深松整地作业任务和 30% 以上大田农机化作业任务实现了社会化服务。他在全区首次提出并实践了将农机市场主体和社会化服务组织纳入全区农牧业公共服务体系，有效缓解了全区农机技术服务力量和公共服务能力不足等问题，自 2008 年以来已累计为西藏培训农牧民 18 万多人次。他在全区农机安全生产监管和公共服务体系极不完善的条件下，积极对接西藏党委政府及相关部门，逐步理顺由公安机关交通管理部门主抓，农业农村和农机化主管部门配合的符合西藏实际的农机化安全生产监管体制，不断完善农业农村与公安交管等部门配合协调机制，在拉萨、山南、日喀则等市参与开展农机注册登记和牌证化管理试点工作，并取得显著成效。他作为主要人员，参与了《西藏自治区"十三五"时期农牧业发展规划》《西藏"三农"政策体系研究》《西藏农牧业政策与实践》《西藏自治区农业志》等重大课题文献编纂工作，主持编制了《西藏自治区"十三五"时期农业机械化发展规划》，在农业农村和农业机械化领域一系列重大政策措施的制定上发挥了重要的衔接作用。他在离开农业机械化管理处前，又主持起草了《西藏自治区人民政府关于加快推进农业机械化转型升级的意见（代拟稿）》，在西藏大力实施以"神圣国土守护者、幸福家园建设者"为主题的乡村振兴战略的背景下，为今后 10 年

人力资源开发者　温芳

地之于农民，如水之于鱼，不生于斯长于斯，不知爱之深之切。

温芳，生于农村，长于农村，深爱土地，深爱乡村，切身体会过农民劳作的苦与忧，也感受过收获的喜与乐，因为了解，她更渴望农村的生活条件能得以改善，农民劳动的强度能得以降低，这个愿望，成为温芳选择做一个农业人的最初动力。

学习经历：误成"工科女"，燃起农机情

因为从小生活在农村，农村的牵牛犁地、追肥除草、收麦脱粒等大小农活温芳都干过。她对务农的辛苦有深刻体会，读小学时一次麦收脱粒因昼夜不停的干，她曾在柴垛里睡着，差点被铲伤，也曾被累得饭都吃不下。她对农民收入的低微也感受深切，读初中因考入了县重点中学，每周住校需5元左右的生活费，这让同时供养3个孩子读书的父母犯难，时常要找别人家暂借，然后抓紧采些菜、集些蛋或凑点粮去卖。

报考大学时，她填的志愿是"清一色"涉农院校，专业志向主要是农学或育种，因为受当时生物老师影响，想去培育无籽西瓜。但录取时"误"读了"汽车拖拉机专业"，因为这个美丽的"失误"，她成了典型的"工科女"，并在学习中对农业机械产生了浓厚的兴趣，从此爱上"农业机械化"，与农机化结下了无悔的半生"情缘"。

"兴趣是最好的老师"，在4年的大学学习生活中，她轻松地把理论力学、

电工学、机械原理等考近满分，机械制图常常得 A，本科是校级优秀毕业生，被保送读"农业机械设计制造"研究生。深厚的"三农"情怀和扎实的"科班"教育，让她在"三农"工作中，更加有热情和信心。

认证工作：初涉质量管理，构筑科学工作法

1998 年研究生毕业后，温芳到农业部农业机械试验鉴定总站工作，首个工作岗位是认证室，她参与了中国农机产品质量认证中心的筹备成立工作，成为认证中心年轻的"元老"。人说"一张白纸，能绘出最美的图画"，正是因为"入门"即接触了认证工作，让她对质量管理中"标准、体系、程序"概念和"目标管理、过程管理、风险机遇管控"等科学方法有了深入学习，并受益良多。

温芳的认证经历，先后有认证标准梳理、认证中心体系构建与维护、认证项目管理、认证审核员培训评价和认证技术决定人等工作，曾累计走访认证过百余家农机制造企业。认证服务的核心价值在于审核员队伍的审核深度，审核员能否在短期高效地发现企业的"不符合项"，是审核员培养的关键，也是认证服务增值的关键。在温芳从事认证审核员管理期间，为统一"3C"认证审核的规范性和一致度，曾每月进行一次审核"一致性"培训，沟通当月审核员遇到的各种新情况、新问题，统一做法。为提升审核深度，交流审核经验，她创新组织优秀《不符合报告》评选和案例点评，以此方式传授审核技巧，收到很好效果。在她工作期间，认证审核员队伍由不足 10 人壮大到 60 余人。

职业技能开发：调整工作重心，由"物"转向"人"

　　都说："人才资源是第一资源""培训是效益最高的投入""产业"与"人才"关系是"不顾产业、抓人才，人才出不来；只抓产业不抓人才，产业立不住"，温芳对此理论非常认同。自 2001 年起从事农机职业技能开发工作，她注重研究人才教育和成长规律，深刻体会了"十年树木、百年树人"的人才培养"慢工"。

　　在农机职业技能开发工作初期，由于基础弱、短期见效慢和职能分工不够明确等原因，推动工作困难很大。温芳团队不畏困难、积极谋划，通过深入开展调研，大力组织师资培训，召开专题研讨会，加强重点省份和重点事项指导，组织示范教具、示范基地和课件的评选，举办各类技能竞赛等系列有效举措，推动了工作，取得突破性进展。她提出与维修、监理、推广、补贴、双证制"五个结合"，抓牢组织、技术、队伍"三基础"和高质量、高技能人才"两高端"的工作重点，得到各地认可。农机职业技能开发工作由 2000 年前开展省份不足 10 个、年鉴定量数千人，发展到最高峰时开展省份 30 个、年鉴定量近 20 万人次。农机行业在农业部 10 个行业指导站中，连续 10 多年人才培养总量位居各行业之首。

温芳对农机技术钻研有着特殊兴趣和敏感性。多年工作中，她执着于此。职业技能开发工作初期，既无职业标准，也无适用教材，仅有几本 20 世纪 80 年代编制的岗位技术规范。为加强技术基础建设，温芳通过查阅大量资料，研究国内外职业标准、题库的体例结构，借鉴相关行业经验，结合深入广泛调研，掌握了大量一手资料。尤其是 2004 年，到德国、英国考察学习，"德国农场主儿子不能直接做农场主""英国宠物医师职业标准有百页篇幅"等让她触动很大。她自 2003 年参与制定颁布首本《农机修理工》国家职业标准后，带领近 50 人的专家团队，陆续开发颁布了行业职业标准 21 个，夯实了职业技能开发教材、题库等技术基础。她总结的以鉴定点为主线"一条龙"开发模式，大幅缩短标准、教材和题库的开发周期，使开发效率和科学性明显提高；运用"图、表、步骤、要领、注意事项"表述农民"应会""应知"技能的教材编写方法，得到业内普遍认可。

"创新是事业发展的不竭动力"。2016 年起，温芳连续 3 年主持创新以 2D、3D+ 音视频为主体的技能培训课件开发和网络学习平台建设，课件围绕典型常见故障，按"故障征象 + 机械构造原理 + 排除步骤 + 质量要点"的"逆序"表达，模拟了"师傅带徒弟"的技能传授，用 3~5 分钟短视频，教会农民实用技能，满足了农民"厌听空话，喜看实验"的学习习惯，实现了农民随时随地学习的可能，受到农机手的普遍欢迎。

农机维修指导：针对农机维修"三难"，推动"三个转变"

温芳自 2007 年起，参与农机维修指导工作。2006 年，《农业机械维修管理规定》部令颁布实施，2007 年总站获批设立"农业部农业机械维修管理服务中心"，她所在处室承担相应职责。在 10 余年工作中，农机维修管理服务工作经历了深刻变革，农机管理部门就"怎么管""管不管""如何放管服"问题，提出"拷问"；同时农机维修服务市场"三难"日渐突出，即农机用户反映"维修难"、农机企业反映"难维修"、农机维修服务投诉反映"监管难"。

为给"拷问"找答案，指导行业干部统一思想，给"三难"找对策，指导基层形成解决方案。温芳团队履职担当，通过广泛调研和深入研究，形成了上下同心的一致答案和方案，即"三变"。一是变思路，按需求补供给。农机部门要管维修服务能力，不管开业许可；要聚焦"人员、技术、维修设备、配件"等要素中弱项的提升和促进。二是变方式，由管理转为引导、服务。即抓主要矛盾，"抓大放小"，用品牌认证背书服务质量的方式引导大机械和大品牌企业做强维修服务。三是变手段，用互联网思维强化维修服务能力资源共享，即加大资源整合，构建区域服务体系，用信息化手段联通维修能力，提升服务效率。

合作社指导：培养带头人，总结复制典型"模式"

温芳自 2008 年参与农民合作社首批示范建设活动标准的研究制定工作后，开启了对农机合作社的示范指导。先后主持研究了农机合作社示范建设标准、规范建设指南，维修间建设配置标准、农机库棚建设补贴规范等 10 余个指导文件。2012 年，率先开发出版了《农机合作社经理人》培训教材，让合作社理事长不仅是能人、带头人，还是掌握现代管理理念方法的职业经理人。自 2011 年起，连续多年组织开展农机合作社示范社理事长培训和农机合作社辅导员培训，这两类人员的培养，对推进农机合作社提升规范化经营水平有重要意义。

在农机合作社带头人培养中，她创新采用"理事长讲自己故事"的方式，让合作社带头人"献身说法"，亲自传授解决"关键"问题的技巧和走过"弯路"的可借鉴经验，有的理事长讲到艰苦"过往"流下动情的眼泪。这样的培训，学员们都反映收获大，不仅促进了教学相长，同时还搭建起"团购农机""跨区、跨界合作"等更大"朋友圈"。

也正是合作社带头人培训，让更多"民间高手"得以涌现，让更多"伯乐级"

的合作社辅导员在指导服务中不断"教学相长"。温芳与她的团队正在加快农机合作社典型模式和案例，进行整理、总结，以便用优秀案例汇编为更多农机合作社提供学习和借鉴。

辛勤耕耘总会有所收获，付出努力就能实现所追求的人生价值。20余年来，温芳始终坚守"不怕多做事，不怕做难事"的人生信条，得到了学员们的普遍爱戴，赢得了领导、同事们的好评和行业人员的认可。她始终没有忘记当初选择当个农机人的初衷，始终如一地坚持着最初的信念和理想，在农业机械化这片广阔的田地里耕耘出了属于自己收获。

张山坡，1956年4月生，河北清苑人，中共党员，农业推广研究员。四川省农业机械鉴定站原党委书记、站长，国家科学技术奖励评审专家，曾任四川省农业工程学会副理事长、中国农业工程学会理事。

张山坡长期工作在农机试验鉴定第一线，主持开展省部级推广鉴定、生产许可证审查、植保机械CCC认证检验等2000余项，为400余家企业办理证书提供了技术支持；主持或参与制定标准17项、监督抽查规范2项；出版《假冒伪劣农机产品表现形式与判断方法》《伪劣农机具快速鉴别》《农业机械化节能减排技术研究》等专著。2008年被四川省评为"改革开放三十年有突出贡献风云人物"、2004年被中国消费者权益保护委员会授予"3·15"荣誉奖章，2005年被农业部评为"全国农产品质量安全工作先进个人"，2006年被四川省人事厅、四川省农机局评为"四川省农机系统先进个人"，2013年被农业部授予"全国农业先进个人"称号。获"中华农业科技奖"1项、"全国农牧渔业丰收奖"1项。

睿智幽默　张山坡

　　四川，天府之国，文化灿烂，自然风光绚丽多彩，然而，四川的丘陵山区地形，却制约了当地农业机械化的发展。四川农业机械化要发展，要有适合丘陵山区地形地貌的高质量农业机械。保障农业机械的质量，农业机械的试验鉴定工作是重要环节之一，说到四川省的农业机械试验鉴定工作，就离不开一个人，那就是张山坡。

　　张山坡长期工作在农机试验鉴定第一线，坚持农机试验鉴定为农业服务的宗旨，统筹谋划、不断推动鉴定工作向更广领域延伸。他在任职四川省农业机械鉴定站站长十余年间，先后创立了四川省农机产品质量安全检验测试中心、四川省农机产品及车辆配件质检站、农业部农用动力机械及零配件质量监督检验测试中心、省保护消费者权益委员会农机产品投诉站等机构，为四川省的农机试验鉴定工作打下了坚实的基础。他充分挖掘潜能，发挥农机鉴定资源优势，组织开展省级农业机械推广鉴定1 503项、部级推广鉴定126项，为400余家企业办理农业机械推广鉴定证提供了技术支持。鉴于张山坡长期辛勤耕耘于农机试验鉴定事业所做出的突出贡献，2008年他被评为四川省"改革开放三十年有突出贡献风云人物"。

志在提升农机产品质量

　　农机产品质量状况直接关系到农民的使用效益和人身财产安全。然而一些农机企业的主要精力放在如何生存上，更有甚者，有的企业偷工减料或采用废旧材料生产，以价廉质劣的产品冲击市场。为了改变这种状况，保证农机产品质量，张山坡在任期间主持抽查农机产品及车辆配件生产领域产品 3 042 批次，承担柴油机、汽油机、喷雾器、粉碎机、农机零配件等产品的专项监督抽查任务 915 批次，承担耕整机、青饲料切碎机、背负式喷雾器、汽车刹车片、农机零配件等商品质量监测任务 645 批次；承担农机产品及零配件的国家监督抽查 18 次，涉及农机零配件、植物保护机械、碾米机、粉碎机、小型通用汽油机等产品。

产品质量监督抽查是对产品质量进行监督并宏观管理的主要方式和有效手段之一，是对企业质量管理工作的考核，是对企业能否稳定、持续地生产合格产品的检查，同时也是代表用户和消费者对产品质量的一次验证。在 2000 年前后，无论是生产领域监督抽查还是流通领域商品监测，四川省农机产品抽查合格率都维持在 40%～50%，有些产品更低，青饲料切碎机甚至为 0。农业机械安全质量问题成为全社会和上级有关部门关注的焦点问题。张山坡作为试验鉴定行业专家，组织抽查各类产品，找出产品存在的质量安全问题，及时汇报主管部门并提出改进建议，使产品质量大为改观。2006 年第二季度通用小型汽油机国家监督抽查合格率仅有 56%，有相当多的产品存在安全项目不符合强制性标准的现象，最为明显的就是多达 32% 的产品高温防护不符合要求。在抽查后，张山坡对存在的问题及时向质检总局作了专题汇报，引起有关部门的高度重视，在全国开展了汽油机生产许可证检查整顿工作，对发放生产许可证的企业进行复查，并严格检查了企业生产必备条件，吊销了部分企业生产许可证，确保了通用小型汽油机产品安全质量。鉴于张山坡不懈地致力于农机产品质量监管工作，且取得了不俗的成绩，2005 年他被农业部评为"全国农产品质量安全工作先进个人"，2006 年被四川省人事厅、四川省农机局评为"四川省农机系统先进个人"，2013 年被农业部授予"全国农业先进个人"称号。

维护农机用户合法权益

农机产品质量投诉监督是促进农业机械化质量工作的有效途径，是了解和掌握农机质量信息的直接方法，也是保障农机使用者和农民合法权益的有力手段。张山坡在鉴定站期间，受理农业机械质量投诉 100 余起，多次与生产、经销企业协商，为故障农机维修、免费更换零件或退货，为农民挽回经济损失。他充分利用鉴定站自身技术优势，解决了四川省农民投诉难的问题，避免了因农机质量投诉造成的群体性事件。鉴于张山坡同志在农机质量投诉工作中的突出贡献，2004 年他被中国消费者权益保护委员会授予"3·15"荣誉奖章。

持续提升试验鉴定能力

"工欲善其事，必先利其器"。农机鉴定工作离不开鉴定手段的建设。张山坡同志多方筹集资金，建成了 4 000 余平方米的检测大楼和试验基地，重新布置检测实验室，进一步规范了检测流程，提高了检测质量和效率，并先后建成 100 kW 发动机测试系统、16 kW 发动机测试系统、300 kW 发动机测试系统和拖拉机 PTO 测试系统、拖拉机液压提升测试系统、拖拉机倾翻

测试系统、135 米拖拉机振动跑道、农副产品加工机械综合测试系统、植保机械实验室、材质分析实验室、水泵实验室等，添置并更新办公设施，新增检测设备 300 余台（套）。为建成设施完善、手段先进、国内一流、西部第一的农机试验鉴定中心奠定了坚实基础。作为行业专家，分析现有农机标准的适用性和协调性，研究农机标准化的系统性和合理性，为国家构建服务农机行业科学发展的标准体系建言献策也是他工作的重心之一。张山坡主持制定或参与制定 GB/T 24687—2009《微型谷物风选机》、NY/T 1417—2007《秸秆气化炉质量评价技术规范》、NY/T 2194—2012《农业机械田间行走道路技术规范》等标准 19 项，为我国农业机械化标准体系的建立、农机行业发展提供了重要技术支撑。

农机科研硕果累累

农业机械作为农业生产的重要投入品，其质量直接关系到农业和农村经济的发展，关系到农民的增收和人身安全。随着农民对农业机械需求的不断上升，在农机生产和流通领域，出现了较为严重的无序竞争非法经营等问题，假冒伪劣农机产品扰乱了农机市场秩序，给农机用户和农业生产造成了伤害和损失。《假冒伪劣农机产品表现形式与判断方法》研究课题通过对假冒伪劣农机及零配件表现形式和判断方法进行研究，对具体的产品提出明确的判

断方法，为执法部门提供技术依据，实现快速判断、准确判罚，还利于提高消费者的识假辨假能力，对于从根本上治理假冒伪劣现象，铲除其滋生环境有着重要意义；也更有利于政府部门有针对性地制定打假措施，使打假工作更有成效。作为课题主要参与人，他重点研究了青饲料粉碎机、农用小型汽油机、农机零配件等产品的假冒伪劣表现形式与判断方法。该课题研究成果出版了《假冒伪劣农机产品表现形式与判断方法》（ISBN 7-80167-843-5）专著，同时出版宣传挂图、分产品假冒伪劣表现形式与判断方法手册等科普读物，最终该课题"伪劣农机具快速鉴别"荣获农业部2008年度"神农中华农业科技奖"科普类成果奖。

农业机械适用性是指农业机械产品在一定地域、环境、作物品种或农艺要求的条件下，具有保持规定特性的能力。即农机作业性能相对作业条件的协调融合的程度。对农业机械适用性评价是《农机化促进法》法定的内容之一，但我国农业机械类型多，使用条件十分复杂，采用目前已有的方法对任何一种机具适用性作出评价都存在一定局限性。2009年国家科委、农业部立项农业公益性研究课题"农业机械适用性评价技术集成研究"（项目编号200903038），张山坡承担并主持了"农业机械适用性综合评价方法""耕整机适用性评价技术研究""采茶机适用性评价技术研究"等子课题研究，顺利通过项目结题验收。他还参与"农业机械节能减排技术集成研究"课题，主持秸秆综合利用研究子课题，从秸秆气化和秸秆还田两方面进行研究。

耕耘农机试验鉴定事业的实践中，张山坡不断拓展工作领域、助力科研攻关、矢志质量提升、依法实施鉴定、维护用户权益，把试验鉴定作为农机产品改进设计、优化结构、控制质量的科学依据，为农民购机选择提供参考消息，为国家惠农补贴政策实施奠定基础。正如他自己所言："逐梦农机事业斗志昂扬，献身农机鉴定此生无悔！"

张京开，河北赵县人，1985年7月大学毕业后一直在北京市农机鉴定推广站从事农机试验鉴定、质量监督检验、农机标准化、农机质量投诉、农机化推广等技术管理工作。现任北京市农业机械试验鉴定推广站副站长，推广研究员。先后组织、主持、参与了包括日光温室卷帘机、保温被、灭虫灯、玉米收获机、水肥一体机等产品在内的1 000多项农业机械、设施农业装备的鉴定检验项目，这些项目的开展，有力地促进了北京市农机工业的健康发展和农机化水平的提高；在标准化方面，先后组织、主笔、参与起草了包括《日光温室和塑料大棚的结构与性能》等64项国家标准、行业标准、地方标准和市级推广鉴定大纲，这些标准、大纲的实施，为北京市农机化质量水平的提高打下了坚实的基础，提高了北京市开展农机推广鉴定的能力。自2012年起担任北京市叶类蔬菜创新团队（栽培与设施设备研究室）农机岗位专家，针对北京市设施、露地蔬菜机械化水平较低，农民劳动强度大等问题，从耕整地、施肥、播种、移栽、田间管理、收获、收获后废弃物处理等多个生产环节入手，先后牵头组织研发、引进、示范、推广了57种叶菜生产的农机化新产品新技术，在一定程度上解决了叶菜生产多个关键环节的机械化作业难题。

技术工匠　张京开

"面朝黄土背朝天"——这往往是人们心中农民辛勤耕田劳作的真实写照，而正是在这片黄土地上，张京开撒下了"农机梦"的种子。这颗理想的种子播种在他少时的心里，他用人生的汗水去灌溉，用生命的热情去耕耘，种子终于破土而出，抽枝发芽长成大树，变为北京市农机鉴定推广事业的一片绿荫。

不忘初心，方得始终。张京开曾言："想学农机，干了农机。农机不好干，干好农机难。"经历了种种困难，他也更加明白：热爱，就追逐；放不下，便坚持。而他最热爱的，还是自己为之奋进一生的农业机械化事业；最让他放不下的，还是自己所坚守一生的农业机械化生产重担。

心怀"农机梦"的农民之子

张京开小时候生活在农村，对农民劳作的不易与艰辛深有体会：小时候，他目睹了家人干农活的劳累，也见证了乡农机站随着土地承包政策的实施，仅有的一些拖拉机和农具不知"跑"到了哪里的"历史"，因此萌芽了长大以后一定要通过自己的努力在农机化方面有所作为以减轻农民劳动强度的念头。然而，小学，张京开家里农活繁忙，放学了他不是挖野菜，就是在家帮大人干家务，好不容易等到放假，还要帮着家里收麦子、运粪肥、搂树叶、锄草、收棉花，总有干不完的农活，这也让他进一步坚定了自己的愿望。临近初中升学考试了，他还在抓住一早一晚"学习之余"去帮家里干农活，他的小学语文老师见状，跟张京开的母亲说："是干农活重要还是学习重要？别为了那点家务事，把孩子前程给耽误了！"从此，张京开放弃了农活，一心一意地想通过念书学习改变自己的命运，改变全体农民的命运。

张京开高考填报的志愿是北京林业大学（北京林学院）林机设计制造专业，并顺利地被录取，1985年7月毕业后分配到北京市农机鉴定推广站，自此开启了儿时的"农机梦"，如愿地从事了自己所期待的事业。

张京开从事的第一次试验鉴定工作是北京市怀柔区农机具研究所研制的"七尺畦"小麦旋耕播种机的鉴定检验，当时不知从何入手，在科室袁老师的耐心指点下，他从学习了解标准入手，开始了农机试验鉴定的第一步，也是他至今印象最深的一步。当时他对标准中的术语和机具的结构还不太熟悉，就一边请教书本一边请教身边的长者，一步一步地学习掌握了怎么样进行田间调查、怎么样进行田间试验、怎么样进行场地试验、试验人员之间怎么配合、怎么样使试验数据更科学等。时至今日，他也在用这种"技术准备"切不可少的理念与年轻人沟通、交流，希望下一代的农机人也能尽快成长起来。

农机推广鉴定办法的"急先锋"

20世纪80年代，北京市农机工业处于发展比较辉煌的时期，北京市农机总公司下辖13个国有企业和众多的乡镇企业，13个区县的农机所多数从事适合当地农业生产要求的农机新产品的研发工作，那时的工作以农机总公司的下属企业和13个区县农机研究所研发的新产品鉴定为主，科技成果鉴定和日常质量监督检验为辅，鉴定任务相对较多。随着乡镇企业的异军突起，鉴定工作进一步增多，参加工作的第二个年头，北京市农机鉴定推广站的鉴定室一分为二，鉴定一室业务以田间作业机械和动力机械为主，鉴定二室的业务以畜牧养殖机械和其他机械为主。进入20世纪90年代，随着农村改革开放步伐的加大，创收的理念在一定程度上冲击了鉴定工作，鉴定工作进入调整期。

进入新世纪，北京的设施农业迅速发展起来，政府的监督检查力度不断加大，为了适应形势的发展，张京开作为技术负责人全程筹建全国第一个农业部设施农业机械设备质量监督检验测试中心，带动了北京市设施农业机械及园林机械检测能力的提升，国内第一台园林机械安全性检测试验台、第一台自动监测的日光温室巡检系统相继在北京市农机鉴定推广站诞生，与此同时，农机鉴定推广站的鉴定检验能力达到了历史的最高时期，人员队伍整齐，技术力量均衡发展。此时，北京市机构改革政企分开，原市农机总公司的农机管理职能整体并入市农业局，农机鉴定推广站和农机监理总站作为独立的事业单位划归市农业局管理，之后，鉴定推广站的公益性职能进一步体现，鉴定工作出现新的局面，标准化工作也上了一个新台阶，张京开主笔起草了中国第一部日光温室行业标准 NY/T610—2002《日光温室技术条件》和第一部国家标准 GB/T19165—2013《日光温室和塑料大棚结构与性能要求》。2004 年农业机械化促进法的出台，进一步激活了北京市的农机鉴定工作，提高了鉴定工作的技术性要求。2005 年随着事业单位收费制度的改革，作为公益性事业单位的鉴定检验工作取消了收费项目，开启了全国免费农机鉴定工作的先河，北京市的农机鉴定工作的公益性职能更加突出，鉴定工作经费以预算的形式相对固定下来。2007 年《北京市农业机械试验鉴定办法》颁布，北京市的农机鉴定工作发展进入了新阶段。

张京开从事鉴定工作近 34 年，先后完成了包括日光温室卷帘机、保温被、灭虫灯、玉米收获机等农业机械、设施农业机械新产品的鉴定、试验检测、质量监督检验和示范推广等项目，为促进北京市农机工业的健康发展和农机化水平的提高做出了应有的努力。除此之外，他还先后组织起草了国家标准、行业标准、地方标准和市级推广鉴定大纲等 64 个，为北京市农机化质量水平的提高打下了坚实的基础。

在农机推广工作方面，张京开先后完成了农业部科技兴农计划"夏玉米免耕覆盖播种机械化技术""节水灌溉控制与远程监测关键技术研究与示范"市农委"红薯生产机械化技术改进与试验示范""秸秆生物饲料养猪与工厂

化生产技术的示范和推广""果树机械化修剪技术试验示范推广"等多项农机化试验示范推广项目。他所实施的"日光温室冬季灾害性天气监测预警防灾系统建设及试验示范"项目，实现了对全市近 20 个日光温室进行多点异地同步监测的目标，为用户、管理者、领导提供了及时短信服务。与此同时，张京开通过建立预警预报数学模型，初步探索出了开展灾害性天气下的日光温室预警预报的模式。张京开参与的"红薯生产机械化技术改进与试验示范"项目，使北京市的红薯起垄、收获机械化水平从无到有，总体水平大大提高，获得了 2010 年度市级推广奖三等奖（第一完成人）。他所参加实施的"节水灌溉控制与远程监测关键技术研究与示范"项目，解决了节水灌溉中的关键环节的技术应用问题，使节水实用技术迈上了一个新台阶，2009 年获得农业部中华农业科技奖三等奖（第五完成人）。他参与实施的"果树机械化修剪技术试验示范推广"项目为京郊果树种植区的机械化剪枝作业提供了一种可资借鉴的模式，该项目获得北京市 2006 年度推广三等奖。

"农机化"团队的领军者

张京开是北京市农机试验鉴定推广站叶菜团队的农机岗位专家。他所在的叶菜团队自 2012 年承担北京市"现代农业产业技术体系北京市叶类蔬菜创新团队"以来，为了提高北京市的蔬菜机械化水平，近几年从现状和需求调研入手，初步掌握了北京蔬菜生产及农化化应用的基本情况，针对农机化技术的需求情况、痛点、难点，采取先易后难的思路，通过技术引进、样机改进、联合研发、筛选试验等多种手段和方法，在京郊试验示范了 50 多种叶菜相关的机械化技术，并以叶菜团队重点关注的生菜、芹菜、油菜、菠菜、快菜这五种叶菜中种植面积相对较多的生菜为主要关注对象，初步探索出生菜全程机械化的生产模式，这种模式已经在京郊得到一定面积的应用，部分技术环节可复制、可示范、可推广，对北京市乃至华北地区的蔬菜种植具有一定的示范作用。

除此之外，鉴定推广站叶菜团队近几年提出了多项叶菜生产相关的机械技术，包括棚头改造技术方案、运输轨道车的技术方案、省力化栽培模式等。张京开团队以生菜种植为切入点，探索全程机械化的实现途径，将生产过程划分为育苗播种、施基肥、深松、耕整地、起垄（铺带覆膜）、移栽定植、田间管理、收获和废弃物处理九大环节，提出了全程机械化的技术方案，其中针对短板研发的机械装备，使叶菜生产全程机械化配套方案不断完善，新研发的产品获得 14 项专利，其中耕整地环节的小型驱动耙，与微耕机及四轮拖拉机配套的两种旋转式深松机，与四轮拖拉机配套的单行和双行起垄附带覆膜及膜上压土一体机，播种环节的手持式叶菜苗盘播种器等在京郊叶菜生产中得到广泛应用。

如今，随着乡村振兴战略的实施，"两全""两高"机械化发展进程的不断推进，作为北京市农业机械试验鉴定推广站副站长的张京开认为蔬菜生产的机械化问题越来越突出，只有不断提高认识，充分发挥各方的积极性，有针对性地通过引进、筛选、改进、研发、示范、推广各种农机化新技术，才能走出一条适合北京市农业发展特点的机械化新途径。

农机路难行，秉一念初心，可踏前路峥嵘。从农村成长并脱颖而出的张京开深深懂得农民的艰辛与不易，也比他人拥有更强的毅力与韧性，而这，也使得他在今日能够带领北京市农机试验鉴定推广站在农业现代化的道路上走得更稳，走得更远。

时光流转，沉淀了岁月；光阴飞逝，温暖了流年，而他，不悔初心，不惧未来。

赵晓俊，回族，1949年11月生，北京人，中共党员，大学本科学历，1965年9月参加工作。1973年起在清华大学机械系学习；1977年起在宁夏农机研究所工作，任技术员；1979年起在宁夏农机鉴定技术推广站工作，任工程师、副站长；1989年起在宁夏农业厅工作，任高级工程师、农机处副处长；1992年起在宁夏农机化管理局工作，任副局长；2000年起在宁夏农牧厅工作，任农机局局长、副巡视员，兼任宁夏老科协委员。2010年1月退休，荣获农业部授予的"十五"全国农机化管理工作先进个人称号。

勤劳乐观　赵晓俊

赵晓俊自参加工作以来，工作领域涵盖了宁夏农机化事业各方面。他从事过农机制造、科研开发、试验鉴定、质量检验、技术推广、经营管理和行政管理工作；曾在农业部农机化司挂职锻炼。在长期的工作实践中，他心系农民，献身农机化事业，坚信农业机械化是农业的根本出路这一真理并为之奋斗至今。多年来，他既是宁夏农机化技术推广的带头人，又是撰写重要农机文献的笔杆子，同时也是坚持原则、锐意创新、思想开朗、平易近人的领导者和长者。他待人真诚、和蔼可亲，言谈坦率、风趣幽默，工作认真、深入基层、身体力行。基层同志们都常说：听他的报告不瞌睡，跟他干活不觉累。

身体力行——依法行政之路

赵晓俊作为宁夏农业系统知名的农机专家和部门领导人，多年从事农机化综合技术经济研究和行政管理工作，既重视政策法规和规章建设又重视项目储备和争取。为提高依法行政、照章办事的水平，他结合宁夏地区"三农"发展的不同历史阶段，主笔撰写或修订了若干重要文献资料。主持和参与了宁夏4个农机化"五年"计划的制定修订工作。1991年参与编撰的《关于自治区农业机械化问题的报告》，促成了宁夏人民政府当年下发了《关于加强我区农机化工作的决定》；2004年主持并参加了宁夏农机化问题调查后，引起了宁夏人民政府的重视，2005年下发了《自治区人民政府关于加快农业机械化发展的意见》2002年和2008年分别主持起草的《宁夏农业机械管理条例》

和《宁夏农业机械化促进条例》已作为宁夏地方人大法规正式颁布施行；主持起草了宁夏首批耕整地、播种、收获农机作业质量标准。他的努力使宁夏农机化工作走上了有法可依的轨道。

殚精竭虑——农机科研之路

长期的农机化工作实践使他深知争取农机化发展项目对宁夏农业发展的重要性。他主持或亲自编写了 30 多项农机化项目建议书或可研报告以及项目实施方案；多次主持和参与了自治区级或部级重大农机化科研、示范推广的验收和审评工作。仅 2000—2005 年就组织实施了 9 个部级示范项目，总投入 1 470 万元，受益 8 个市县（区），青铜峡市被农业部授予全国农机化示范县称号。截至 2007 年，在他的精心组织和执着的争取下，国家与宁夏财政投入到旱作机械化技术、粮食生产全程机械化示范、保护性耕作技术等各种专项农机资金 3 000 多万元。2005 年他主持《自治区农机置补贴资金管理办法》《自治区购机补贴实施方案》等重要文件的起草修改。两年争取到 2400 万元农机购置补贴资金，其中宁夏投入资金占 2/3，全区农机购置补贴验收合格率达到 100%，树立了小省农机大投入的样板。他组织贯彻执行农机法规和部门规章，规范了产品推广鉴定和安全生产管理工作，全区农机购置补贴政策和农机安全生产平稳运行。

克己奉公——市场服务之路

他倾心于新型农机服务组织建设，努力打造农机服务市场化新局面。在他的积极引导支持下，2006 年在银川建设了占地 50 多亩号称"宁夏唯一、西北最大"的"西北农资城"，农机年交易额达 10 亿元。截至 2006 年年底，全区以合作社或协会出现的新型作业服务组织达 38 家。他坚持把组织好跨区机收作业，当作农机致富的有效路径常抓不懈，年年有 500 多台联合收割机有组织参加全国的夏收会战。

他重视农机科研推广和农机化宣传工作。在开展农机科研推广工作方面，他领导和主持参与了几十项产品试验鉴定、10多项科研推广课题，并有多项获奖；他主持撰写的10多篇论文和专题技术讲座讲义，有多篇论文获奖。在他主管和直接推动下，对农业增效、农民增收的农机化新技术，如种肥分层播种、秸秆还田、地膜覆盖、化肥深施、机械化笼养鸡、水稻直播和水稻移栽、联合机械收获、饲草加工等得到逐步推广普及。《宁夏农机》在他主办下十多年来杂志越办越好；他组织编排了宁夏首部农机电视宣传专题片《但借春风扶农机——发展中的宁夏农机化》，真实记录了宁夏农机化发展史。

赵晓俊是目前宁夏在农机化行业工作时间最长的主要领导干部和业务骨干，曾多次受到所在单位、全系统和全国的表彰。他曾荣获农业厅、农牧厅先进工作者、优秀公务员、优秀共产党员等称号，2006年荣获农业部授予的"十五"全国农机化管理工作先进个人称号。他在退休的近10年中，一直保持着旺盛的工作热情，服务在宁夏农机化培训教育战线，坚持发扬了"农机铁牛硬汉子"精神。他为推进宁夏农业机械化进程做出了卓有成效的贡献，他的名字已载入宁夏农机化发展杰出人物名册。

徐健，1965年7月生，陕西省长安县人，中共党员。历任青海省乡镇企业局副处长，省农业厅乡镇企业局副局长，青海省农牧厅农机管理局副局长、调研员，青海省玉树藏族自治州称多县副县长，青海省农牧机械推广站站长。现任青海省农牧机械监理站站长。

大西北坚守者 徐健

作为我国陆地面积第四大的省区，青海有80%以上的地区为高原、山地等，具有海拔高，气温低，降水少，气温日较差大等特点，地理条件特殊，环境比较复杂，农业机械化发展阻碍大，农机安全工作尤为重要。徐健作为青海省农牧机械监理站站长，用默默劳动与奉献一直守护着农业机械化的安全生产，在青海省农机化的道路上发挥了不可或缺的重要作用。

站好岗，为青海农机添砖加瓦

2003年6月，徐健被任命为省农牧厅农机局副局长，他上任时机构改革刚刚结束，但是改革后的农机局各项工作还没有完全接洽完成，上班第二天，他就着手"山东农机援青"项目的接手，设备的发放与变型拖拉机移交公安交警等工作。在他带领下历时半年终于圆满完成了这两项重点工作的移交。

为了给青海的农机化铺好道路，打下坚实基础，徐健和同事们一起先后修改出台了《青海省农机管理条例》，青海省农机"十一五""十二五"和"十三五"规划，《青海省农机工业发展意见》。近年来，参与制定修订了《青海省购机补贴目录》，组织实施《青海省保护性耕作技术》《青海省机械化深松整地》《青海省保护性耕作技术创新》等10余项农机化项目，这些项目的完成，为青海农机化的发展明确了目标、理顺了思路。徐健还在实践中不断地分析青海省农机化的现状，分析可能会遇到的困难和阻力，而这种不断探索的科学精神和他脚踏实地的实干精神，从某种意义上说，也为青海省的农机化发挥了重要作用。

解民忧，助力牧区农机发展

党的十八届三中全会提出："要实现发展成果更多更公平惠及全体人民，必须加快社会事业改革，解决好人民最关心最直接最现实的利益问题，更好满足人民需求。"而徐健就是这样一个甘于奉献、热爱并忠诚于自己的事业的人，在青海的十几年里他尽心尽力地解决着藏区人民最关心、最直接、最现实的发展问题。

2007年3月，时任青海省农牧厅农机管理局副局长的徐健接到任务——挂职任青海省玉树藏族自治州称多县副县长。徐健知道，这不仅是自己人生的新起点，更是组织对自己的新考验。当他站在海拔4 000多米的三江源头，看着主要靠手工劳作开展农牧业生产的称多县，他暗下决心，在两年的挂职期间，必须改变称多县牧民群众靠手工劳作的现状。

带队伍，强农机。在徐健带领下，称多县机械化跨入了发展的"快车道"。他积极联系各部门，每年争取到县财政农机购置补贴资金500万元，用于中央资金叠加补贴，这项惠农政策带动了农牧民购机热情，农机保有量迅速增长。同时，徐健邀请农机技术人员进行驾驶、修理等技术帮助，节省了牧民群众外出学习的人力、物力和经费压力，到2019年3月挂职期满，称多县农机化水平得到了大幅度提升，有力地促进了藏区农业机械化发展，维护了藏区稳定。

徐健在青海省工作的十几年间一直关注民生，关心群众的疾苦，他把藏区农业机械化的任务时刻放在心上，与藏区人民心往一处想，劲往一处使，齐心协力通过劳动与奋斗在藏区农业机械化的发展历程中写下了浓墨重彩的一笔。

破坚冰，当好农机化的领头人

荆棘、坎坷是磨砺开拓者意志的磨刀石，困难艰险是开拓者前进路上的垫脚石。青海省的农机化发展是一条崎岖蜿蜒的道路，而徐健就是这条道路上披荆斩棘、勇往直前的领头雁。

2009 年，徐健任青海省农牧机械推广站站长，然而却面临着资金不足、机械化水平低等种种现实困难，但他并没有被困难吓倒，而是带领藏区人民积极克服了这些困难，加快了农机具的研发和推广步伐。2009 年，在全省马铃薯种、收机械化率仅为 6.1% 和 7.3% 的水平下，他带领团队的技术人员，相继推出了与手扶拖拉机配套的小型马铃薯种收机、与四轮配套的中型马铃薯种收机，截至 2014 年年底，全省马铃薯种、收机械化率达到 18.6% 和 21.2%，分别较 2009 年提高 12.5% 和 13.9%。2009 年全省杂交油菜机收面积仅为 9.6 万亩，2014 年达到 28.7 万亩，机收面积增长 19.1 万亩。他组织研发的枸杞采摘机，更是填补了我国在枸杞采摘方面的空白。同时，他利用站上 10 名高级职称农机化人才优势，带头投入到对大蒜收获、背负式联合收割、蚕豆点播与脱粒、小型往复式牧草收割等 10 余种适合青海特色农作物机具的研发上，为青海省提升农机装备水平，加快先进适用技术推广做出了积极贡献。

短短 5 年时间，从农区到牧区，从粮食生产到枸杞油菜等经济作物生产，农业机械化的推广范围不断加大。

短短 5 年时间，全省 23 个县实施保护性耕作技术，累计推广面积达到 150 万亩。该项目的实施极大地提高了基层农机推广服务能力。机械化深松整地技术稳步推进，4 年来项目累计投资超过 625 万元，实施面积 36 万亩，取得了较好的经济、社会和生态效益。2012 年，他主持的"青海省深松整地技术"获得农业部"农牧渔业丰收奖"三等奖，并完成了部农机鉴定总站"藏区农机适应性调查"课题。

短短 5 年时间，徐健带领他的团队获得全厅系统年度目标考核第一名 1 次，优秀党支部 1 次，优秀领导班子 1 次，优秀处级领导干部 3 次的好成绩。

　　短短 5 年时间，徐健在青海省农机化的道路上，带领他的团队奋斗在青藏高原农机化进步的道路上。

　　短短 5 年时间，徐健就用他的毅力与智慧向人们证明了什么才是真正的勇者风范！

担使命，新起点做出新成绩

　　2014 年 9 月，徐健被调到省农机监理站担任站长。这对徐健来说是一个全新的领域，但他依旧时刻铭记自己的使命——切实保障农机的安全生产、切实保障农牧民的生命安全。对于身负农机安全生产监督职能的新岗位，他一点都不敢大意，因为只要出现农机事故，就是人命关天的大事。他每天上班最早，下班最晚；在农忙时节，他下基层、听民意，通过各种途径宣讲农机安全法律法规，为农牧民群众解难题。

　　"抓安全、促生产，讲效率、出成果。"为了让农牧民群众在耕作中重视农机安全生产意识，他带领全站员工组织实施全省农机安全演练，在演练中，让当地农牧民群众参与演练，让他们亲身体验农机事故造成的危害以及农机监理工作在农业生产中的重要性。2017 年和 2019 年，先后两次成功举办了全国农机安全生产月青海分会场咨询日活动。他还指导开展"平安农机"创建工作，每年争取 90 万元财政资金，用于建设示范县、示范乡镇和示范村。

争取农机监理工本费和农机安全宣传经费，用于免费监理和宣传，因此，青海省成为全国较早进行牌证免费管理的省份之一。

"安全无小事，平安见真章。"徐健认为，农业生产，安全第一；安全生产，监督第一。在工作中，他处处强调农机安全监督检查的重要性，首先要重视对执法队伍的法制培训力度，每年他都会邀请行业内专家对全省农机监理人员进行技术培训和法制宣传讲座。经过几年的努力，青海省道路外农机死亡事故稳定在 4 人以下，没有发生重特大农机事故。青海省省农机监理站被青海省安全委员会授予 2014 年、2018 年度"全省安全生产先进单位"荣誉称号。

大海的浪花在碧水与礁石的拥抱中生辉，而人生的价值在平凡与奉献的结合中闪光。一直以来，徐健及其团队坚持把农业机械化与农机安全生产作为推进青海省农业现代化的重要抓手，用辛勤与奉献为青海省农业机械化的持续健康发展闯出了一片蓝天。

任耀武，1965年11月生，湖北省潜江市人，中共党员。毕业于长江大学（原湖北农学院）土壤与肥料专业，高级农艺师，现任湖北省农机安全监理总站（湖北省农业机械化技术推广总站）站长。1988年分配到湖北省农业生态环境保护站工作，先后从事生态农业、无公害农产品有关研究与推广、三峡工程农业生态环境监测系统国家重大项目建设等工作，率先在国内发表了生态移民等20多篇学术论文，率先在国内出版了无公害农产品研究与开发等7本专业著作，曾获得湖北省科技进步二等奖等多项成果奖励，并破格晋升为高级农艺师。2000—2001年公派美国研修农业一年。2001年调到原湖北省农业厅办公室工作，从事政务信息等决策支持服务工作和农业灾害管理工作，曾获国务院办公厅、原农业部政务信息年度先进表彰，曾获得湖北省委、省政府抗雪救灾先进个人表彰；组织编写了国内第一部《农业灾害应急技术手册》，再版7次，并纳入国家农家书屋政府采购项目。2011年调任湖北省农机安全监理总站（湖北省农业机械化技术推广总站），在从事农机安全监理和农机化技术推广工作中，大胆改革创新，各项业务工作在全国产生了一定影响；曾获得全国农牧渔业丰收奖二等奖和湖北省科技成果推广奖二等奖等，发表了《北斗赋能农机行业转型升级》等多篇业务文章，组织编写了面向农机手、服务生产一线的《农业机械实用手册》等。

多面手　任耀武

　　"天门中断楚江开，碧水东流至此回。"长江——源远流长，磅礴大气，启发着一代又一代华夏儿女奋勇前行，也见证了一群又一群湖北农机人的青春与热血。任耀武就是其中一位。

　　2011 年，任耀武到湖北省总站之前，曾驻村 3 个月，与县里农机部门的同志还到村里搞过培训，发过资料。一次央视经济频道在村里要做一期抗旱保产节目，赠送了一台轮式拖拉机用于村里抗灾生产，村里找来手扶拖拉机手来驾驶，居然把拖拉机开不到田里，只好另请邻村的熟练的农机手帮忙。在那个农机补贴最红火的阶段，培训教育和技术推广"进了村"却入不了户。2013 年，参加德国汉诺威农机展，任耀武最大的感受就像是"刘姥姥进大观园"，农机"代差"太大。到基层调研时，他总听说农民因农机事故闹政府，

农机部门解决不了问题等，这也为他决心用自己的力量改变湖北省农机行业现状埋下了坚实的种子。曾有一位北大高材生在任耀武参加的一次培训班上讲："我就是要拜行业全球顶级专家为师，赶超他，自己就是行业一流。"这让任耀武深受启发，从此"争创一流"也成为他职场前行的动力。这些年，任耀武始终在探索农机化行业持续健康发展的道路上不断前行，用努力与热情践行着自己所追求一生的行业使命。

破短板，重核心，保安全

作为全省农机安全监理的领路人，任耀武针对不知安全状况如何，安全事故不能为机手解决问题的行业短板和痛点，创新探索农机互助保险制度，完善了农机安全监理的最重要管理环节。在全面规范和提升农机安全监理"三率"主要业务水平的基础上，任耀武借助国家政策的力量，改变了农机安全监理机构"收费养人"的非正常保障机制，实现了"免费监理"机制转换的治本之策；除此之外，他还带领湖北省借助全国专项治理的力量，向农机安全监管最大隐患开刀，一举突破了全省"变拖"管理的"不治之症"。从2010年开始，截至2018年年底，湖北省已累计发展农机互助保险会员近

28万名，共筹集农机互助保险会费 7 000 多万元，承担农机风险保障 70 多亿元；共救援处理农机互保事故 5 302 起，其中拖拉机事故 2 424 起，联合收割机事故 2 656 起，其他农业机械事故 222 起；事故致死 69 人，致伤 708 人，受损农机 4 452 台；同时，全省已增添固定资产 1 500 多万元，积累农机风险准备金 500 多万元。如今，湖北农机互助保险试点有力地促进了农机风险防范、事故救援、查勘定损、损失补偿和纠纷调解等安全管理工作，起到了"为农民解难、替政府分忧、为农机保驾"的效果。任耀武主持的互助保险试点工作不仅获得了广大农机手的认可和拥护，也得到了各级领导的重视和支持，全国人大常委会原副委员长张宝文和农业农村部韩长赋部长等各级领导都给予了批示肯定。

守传统，促创新，增活力

作为全省农机化技术推广的掌舵人，任耀武认为，在巩固和发展湖北水稻、油菜等市场传统主体全程机械化优势的基础上，要不断向玉米、蔬菜、马铃薯、花生、大豆、茶叶、柑橘等机械化短板弱项上发力，要突破粮食烘干、秸秆还田（离田）、植保作业升级换代等薄弱环节，加快农机绿色发展的"补短板"步伐。除此之外，他还主张"一主多元"技术推广模式，并充分发挥政府公益性主导作用和市场决定性作用，大力培养行业"工匠"人才，培育农机行业文化。2016 年，在任耀武的推动下，湖北省开始创办了全省农机职业技能竞赛活动，赛训结合，让一线农机手和生产合作社生产有效益、竞赛有奖励，极大地激活了行业市场主体活力，克服了过去只是"干部培训干部"的传统模式。3 年来，竞赛规模从 200 多人发展到 500 多人，竞赛项目从拖拉机扩展到收割机、农用无人机，竞赛从农机手扩大到基层农机人员，竞赛科目从场地扩展到生产作业。竞赛活动极大地增强了行业社会影响力，全省累计参赛选手过千人，投入资金近 500 万元。现在，农机竞赛项目已成为湖北省"工匠杯"职业技能竞赛的一类赛事，成为湖北每年"农民丰收节"的保留节目。

跟趋势，推智能，跨时代

任耀武认为在农业供给侧结构性改革和农机行业转型升级的新常态下，湖北省在农机化与信息化融合上应该努力实现农机智能化"弯道超越"，突破我国农机行业落后的被动局面。在他的推动下，湖北省借助北斗行业应用示范项目，积极开展"互联网 + 农机"的实践探索，在推动农机智能化方面迈出了坚实步伐。依托湖北北斗基础工程的"一张网（湖北省北斗地基增强基准站网）"和"一幅图（湖北省地理空间数字图）"和"一个云（楚天云）"，建立了全省"平台 + 终端"智能农机应用系统，实现定位导航、工况监测、作业监管、安全监管等多项功能。截至目前，全省已安装北斗终端数 13 339 台套，累计监测作业面积 1 788 多万亩。依靠北斗平台数据，精准兑付了深松作业和秸秆还田国家补助资金 2 亿多元。同时，在他的带动下，湖北省省委、省政府联合有关企业和研究机构开发了全国首例基于北斗的农机驾驶员培训和考试管理系统，有效促进了农机安全信息化的监管。基于北斗的精准农业技术已纳入湖北 20 项农业主推技术之中。2019 年，该系统还将为国家轮作休耕项目——湖北 140 万亩冬闲田扩种油菜的 2.1 亿元国家补贴项目的作业数据监测服务，促进基于 5G 时代构架的"BDS（北斗）+RS（遥感）+GIS（地理信息）+IOT（物联网）+AI（人工智能）"湖北农业农村大数据中心立项和建设，开启湖北农业大数据时代。

古人云："三百六十行，行行出状元。"而对于任耀武来说，那就是"干一行爱一行，行行争一流。"无论是党建工作，还是农机化事业，无论是农机监理，还是技术推广，从传统的安全监管到当下的人工智能，他始终坚守着，热爱着，创新着，将自己满腔的热情汇进人民事业的滚滚洪流，用劳动与奉献书写着属于自己的追求和农机人的光荣。

江垣德，曾用名江覃德，1962年10月生，广西藤县人，中共党员。1986年毕业于广西农学院农学专业并取得农学学士学位，2005年取得中国农业大学农业推广硕士学位，2014年取得中国农业大学管理学博士学位。现任广西农业机械化服务中心党组成员、副主任、推广研究员。1986年分配到广西农业厅工作，先后从事粮油生产技术推广、种子经营与管理、政策法规等工作。1992—1993年公派日本国研修农业一年。1996—2004年担任广西种子总站站长期间，率先在国内发表了《我国未来种子产业的发展方向》等多篇学术论文，推动我国种业体制改革，并在全国首创了"看禾选种，助农增收"活动，以新品种试验示范展示核心基地为平台，通过农业品种的同台展示，推介我国农业育种新成果，深受农民、企业以及社会各界的欢迎。广西"看禾选种，助农增收"活动，现已连续举办了十五届，成为在全国具有标志性意义的良种推广方法。曾出版《甘蔗优良品种及丰产栽培技术》等5部专业著作。曾获全国农牧渔业丰收计划二等奖3项，广西科技进步二等奖1项，全国农牧渔业丰收计划三等奖1项，广西科技进步三等奖2项。2001年被授予"2000年度广西壮族自治区有突出贡献科技人员"荣誉称号，2003年被授予第七届广西青年科技奖，2004年被授予广西直属企事业"十佳职工"荣誉称号，2005年被评为享受国务院特殊津贴专家。2012年调任广西农业机械化管理局副局长，其间发表了《广西甘蔗生产机械化的实践与思考》等多篇学术论文。

实干家　江垣德

　　广西，地处中国南部，山地多，平地少，素有"八山一水一分田"之称。在这片瘠薄的土地上，有这样一群人，他们一直在苦苦思索如何保护好、利用好有限的土地，他们勤勤恳恳、兢兢业业、踏踏实实、尽职尽责；有这样一个人，用自己的坚强和努力，踏风雨前行，无惧无畏，为了这片养育他的秀美山川，为了广西的农机化事业披荆斩棘，一路前行。这个人，就是江垣德。

　　江垣德出生于一个抗美援朝军人家庭，由于父亲在援朝中饥饱不均，患上了严重的胃病，复员后长期药不离口，导致家庭异常贫困，负债累累。从懂事起，江垣德就要学着独立，学着做一些力所能及的事，生活的艰辛锻造了江垣德自强不息的品格，这种品格一值伴随于他的学习和工作之中。

突破水稻机插瓶颈

　　2012年，江垣德由广西农业厅政策法规处调任广西农业机械化管理局副局长。到任后他发现广西水稻机插秧率仅相当于全国平均水平的43.9%，而且水稻又是广西的第一大粮食作物，每年种植面积达3 000多万亩，于是一贯自强的江垣德立志首先要攻克这一短板弱项。

　　从小在农村长大的江垣德知道，插秧是水稻生产中最累人的环节。为了改变广大农民长期以来面朝黄土背朝天辛苦劳作的局面，将农民从繁重的插秧体力劳动中解放出来，江垣德开始谋划解决之道。

　　但实现梦想的过程是漫长而艰难的，碰到的第一个难题就是没办法大规模育出可以机插的秧苗。为了突破这一瓶颈问题，江垣德在不断与财政部门沟通的同时，积极争取广西分管领导的支持。功夫不负有心人，最后广西人民政府决定，投入财政资金6000万元，扶持建立大型水稻机械化育秧中心，解决没办法大规模育出可以机插的秧苗难题。

扶持投资解决了，但如何建设大型水稻机械化育秧中心，又成为另一个难题。因为在此之前，广西从来没有建设过大型水稻机械化育秧中心，如何建设才合理，没人说得很清楚。于是一向不怕困难的江垣德就开始带领相关科技人员到处参观学习，总结各地的成功经验和失败教训，并始终亲自不断修改完善建设方案，在建设过程中更是全身心加强检查指导，到2015年年末，全区共建成大型水稻机械化育秧中心50个，实现了从无到有的历史性突破，有效地破解了没法大规模育出可以机插的秧苗难题。

瓶颈问题解决后，江垣德又马不停蹄地争取广西人民政府办公厅印发了《关于加快推进我区水稻生产全程机械化的意见》，在广西全区范围内全面推进水稻生产全程机械化，并多次亲自组织召开广西全区水稻机械化插秧观摩会和现场推进会，组织编制了《广西水稻生产机械化技术指导手册》和《庭院式水稻育秧技术规程》等培训教材，制定了《全区水稻工厂化育秧中心建设指导意见》及《"十三五"广西水稻生产全程机械化专项规划》，

成立了广西水稻生产全程机械化技术专家组，指导各地重点实施水稻育插秧"百千万"工程。与此同时，主动与广西科技厅沟通对接，将"水稻机械化育插秧技术集成与示范应用"项目列进广西科技重点专项予以推进，促进水稻生产全程机械化技术的加快应用。

到 2018 年，广西水稻耕种收综合机械化水平达到 78.5%，基本接近全国平均水平，其中机械化插秧率由 2011 年的 10.16% 提高到 2018 年的 35.94%，提高了 25.78 个百分点。以建设育秧中心为载体推动水稻生产机械化快速发展的工作经验得到了农业部的高度肯定，2015 年全国水稻机插现场会在广西贵港市召开。

打开甘蔗机收突破口

打开甘蔗机收突破口，是江垣德又一次感到欣慰之举。

广西地处热带、亚热带气候区，雨量充沛，光热充足，十分适合糖料蔗等具有热带、亚热带特色的农作物生长。广西糖料蔗产业规模位居全国第一，是我国最大的糖料蔗和蔗糖生产基地，食糖产量连续 10 多年占全国的 60% 以上，广西糖料蔗种植面积最高时达到 1 600 多万亩，涉及蔗农 2 000 多万人。

但糖料蔗生产环节机械化水平过低，导致蔗糖生产成本过高、国际市场竞争力缺乏。糖料蔗生产机械化已经成为我国 9 大主要农作物生产机械化最大的短板。为此，国家相继出台政策支持糖料蔗机械化发展，2017 年 6 月，国家农业部、发改委、财政部、工信部又联合印发《推进广西甘蔗生产全程机械化行动方案（2017—2020 年）》，把推进广西甘蔗生产机械化、支持广西糖业发展确立为国家战略。

面对我国 9 大主要农作物生产机械化的最大短板，正好激起了一向越有挑战越来劲的江垣德的无限斗志，他立志一定要在这方面发力冲击。

立志容易，但问题多！

碰到的第一个问题是无机可用。为了解决这一难题，江垣德在不断与科技部门沟通的同时，积极争取广西分管领导的支持。最后广西分管领导决定动用其掌握的主席基金立项攻关。于是江垣德立马组织 8 家农机生产企业对甘蔗种植、中耕培土、田间收集转运等环节的机械进行研发攻关。最后 8 家企业成攻研发出了可应用于生产的甘蔗种植机、中耕施肥培土机和田间收集搬运机，并申报了国家专利 21 项，无机可用的问题初步得到解决。

碰到的第二个问题是甘蔗收获机价格昂贵，能够买得起的人甚少。而机收甘蔗又是甘蔗生产全程机械化的最大短板，为了解决这一问题，江垣德又积极争取农业部的支持。最后农业部决定将甘蔗收获机购置补贴由每台 25 万元提高到 40 万元，有效减轻了购机者的负担。

碰到的第三个问题是缺少机收甘蔗的主体。为了解决这一问题，江垣德又引导企业合作组建甘蔗收获服务公司。该公司随后引进美国凯斯甘蔗收获机 8 台及一批大功率拖拉机、喷淋机、种植机，成为务实推动甘蔗生产机械化发展的先驱者。

碰到的第四个问题是社会化服务组织的服务能力弱。为了解决这一问题，江垣德又积极争取广西财政支持。最后广西财政投入 2 400 万元扶持建设了 8 个大型甘蔗生产区域服务中心，有效地提升了甘蔗主产区社会化服务组织的服务能力。

碰到的第五个问题是甘蔗生产机械化服务组织前期投入大，入不敷出，难以为继。为了解决这一问题，江垣德又推动出台了广西甘蔗生产机械化作业补贴政策，对社会化服务组织从事蔗地粉垄整地、机种、机收、机械化统防统治作业，实行作业补助，有效地化解了服务组织散伙的风险。

碰到的第六个问题是服务组织融资难融资贵。为了解决这一问题，江垣德又亲自起草并推动出台了《广西壮族自治区农机购置租赁融资贴息补助资金管理办法》，开创了我国农机购置租赁融资贴息补助的先河，为社会资本助力甘蔗生产机械化发展奠定了基础。

碰到的第七个问题是缺乏甘蔗生产机械化系统解决方案。为了解决这一难题，江垣德不辞劳苦深入广西全区"双高"基地进行实地调研，走访了大量的种植大户、农机合作社以及制糖企业，向各级"双高"办了解相关情况，到甘蔗机械生产企业进行实地查询座谈，到广西甘蔗研究所试验基地进行实地查验，在基本掌握甘蔗生产机械化的现状以及存在问题的基础上，又加班加点查阅了大量的技术资料，最后凭借其一贯以来的系统性思维和专业素养，总结提出了包括推广合理的土地整治技术、合理的农艺技术、合理的机具配套技术和合理的生产经营模式等相关内容在内的甘蔗生产机械化系统解决方案，并对什么是合理的土地整治技术、什么是合理的农艺技术、什么是合理的机具配套技术、什么是合理的生产经营模式做了界定，初步明确了推进甘蔗生产机械化的路径问题。

……

推进甘蔗生产机械化碰到问题实在是太多了，难以一一列举。但无论碰到什么问题，江垣德都敢于迎难而上，这是他最鲜明的品格特征。

敢于迎难而上且勇于创新的江垣德，为了推进甘蔗生产机械化发展，一直在忘我地工作着。2012年就组织下发了《关于推进甘蔗生产全程机械化示范区建设项目实施工作的通知》和《关于开展甘蔗机收作业补贴试点的通知》等系列文件，为开展甘蔗机收作业提供指导性意见；2013年又组织撰写了《关于请求安排专项资金扶持甘蔗联合收割机试验推广的请示》等相关请示报告，积极争取领导对甘蔗生产机械化工作的支持；2015年又组织编制了以广西人民政府办公厅名义印发实施的《广西推进"双高"基地生产全程机械化实施方案（2015—2020年）》。近年来，江垣德多次组织召开全区甘蔗生产全程机械化示范区建设推进现场会、整杆式甘蔗联合收割机企业座谈会、全区糖料蔗机械收获现场演示会等系列会议，不断研究问题，提出对策，推进甘蔗

生产机械化发展。他还组织编写了《甘蔗生产机械化技术要求》《糖料蔗生产农机农艺融合技术规范》和《糖料蔗机械宽窄行种植作业技术规范》《广西甘蔗生产全程机械化技术指导手册》等技术标准手册并举办技术培训，引导甘蔗标准化生产。与此同时，江垣德还组织鉴定机构不断完善机构条件、质量体系、设施设备、人员条件等各个方面，积极开展甘蔗种植机等新产品检测资质的扩项工作，确保新研发的甘蔗机具及时应用于生产；并组织编制了大型甘蔗机械试验检测鉴定基地建设项目可行性研究报告，400 多亩前期田间试验基地也已在扶绥建成，开展了多项对比试验，积极引导企业到该基地开展检测鉴定，为加快甘蔗机械研发、检测鉴定、机具选型和探索适宜的甘蔗生产机械化技术提供基础支撑。另外，江垣德还组织扶绥县和武鸣区开展创建全国甘蔗生产机械化示范县（区）活动，探索整县（区）推进甘蔗生产机械化的路径，并亲自任专家组组长。对于中国甘蔗机械化博览会，江垣德更是尽职尽责策划、对接、筹备，并在前二届博览会上做了主旨发言，还推动第三届展会拓展为中国－东盟农业机械展·中国甘蔗机械化博览会，展会已经成为国内规格最高、规模最大的专业展会，在行业范围内引起了高度关注和热烈反响。2018 年，江垣德又组织制定了《广西甘蔗生产农机农艺融合全程机械化联管模式指导意见》，全面推广"四联管"模式。

经过多年的努力，江垣德以系统性思维务实推动甘蔗生产全程机械化发展的做法取得显著成效。到 2018/2019 榨季，广西糖料蔗生产联合机收量达到 83.88 万吨，创历史新高，比开展"双高"基地建设初期的 2014/2015 榨季增长 299.05%，打开了甘蔗机收突破口。

推动农机法治化进程

江垣德还是广西农机法治化进程的亲历者、推动者和见证者。

在调到广西农业机械化管理局之前，江垣德曾在广西农业厅政策法规处任职 7 年。凭借其多年从事政策法规工作的经验，江垣德深知立法推进农业机械化发展是根本之策，也是最稳定最有效之举，同时他也清楚广西每年的立法资源十分有限，要让有限的立法资源落在农机立法之上困难重重。

面对困难，江垣德一点也不畏惧。他不断地联系沟通，利用各种机会不厌其烦地向广西法制办公室和广西人大说明 1996 年出台的《广西壮族自治区农业机械化管理条例》难以与农业机械化发展面临的新形势、新任务、新要求相适应，务必尽快修订。最终得到相关部门的高度重视和支持，2015 年，广西法制办公室决定立项修订《广西壮族自治区农业机械化管理条例》。

修订任务下达后，江垣德又不辞劳苦、亲力亲为，参与了从调研、起草到论证、审议的全部立法过程。为了确保立法切合实际并提高立法质量，江垣德在注重调研、加强借鉴和倾听多方意见的同时，经常加班加点，千方百计将外省以及基层促进农业机械化发展的一些好经验、好做法固化为具体的法律条款。

辛勤的付出，结出了硕果。历经两年多，2017 年 3 月 29 日，由《广西壮族自治区农业机械化管理条例》修订而成的《广西壮族自治区农业机械化促进条例》通过了广西人大常委会审议，自 2017 年 6 月 1 日起施行。

修订后的《广西壮族自治区农业机械化促进条例》与原来的《广西壮族自治区农业机械化管理条例》相比，保留原文 3 条，修改 20 条，删除 12 条，增加 11 条。修订后的《广西壮族自治区农业机械化促进条例》最大亮点是突出了促进农业机械化发展这一主题，体现了管理职能的转变，将强化引导扶持和寓管理于服务之中作为重点，更加符合形势发展的要求，特别是在转变政府职能，简政放权；落实国家强农惠农政策，强化农机购置补贴、作业补贴等扶持措施；设立村级农机管理员，加强基层农业机械化体系建设，夯实发展基础；加大引导扶持，强化科技创新研发能力等方面比原条例有了颠覆性的加强。

江垣德多年积累的法治思维和法律素养，终于充分运用到了推动广西农机法治化进程之中，这让他感到无比欣慰！

踏上攻坚克难新征程

作为中共党员的江垣德在上党课中曾明确指出："为人民"三个字就是中国共产党人的初心，中国共产党人的使命就是为实现"为人民"这一初心而采取的各种手段、方法、路径等等的总和，不同的历史时期中国共产党人有不同的历史使命，最终目标是实现共产主义。现阶段中国共产党人最大的使命就是为人民对美好生活的向往而奋斗，而作为农机系统的中国共产党人现阶段最切合自身的使命就是推动农业生产机械化加快发展，满足人民对机械化生产的渴望。

广西是典型的丘陵山区，丘陵山区耕地占比达 73% 以上。正是由于有了以上的认知，不畏艰难的江垣德现在又开始踏上了攻击丘陵山区优势特色农作物生产机械化这一难题的新征程。

熟悉江垣德的人，都能感受到他勇于担当、不畏艰险、越是困难越敢往前冲的性格特征。凡是他认为对人民有利的事情，肯定会不遗余力地争取和推进，有时争得脸红脖子粗也不肯罢休。

崇尚奋斗的江垣德，言必行，行必果，工作以来一直都在以实际行动践行"为人民"这一初心！

刘司法，1963 年 12 月生，陕西省合阳县人，中共党员。硕士研究生学历，农业推广研究员。

1985 年毕业于西北农学院。先后在农业部南京农业机械化研究所、中国农机安全报社、农业部农业机械化技术开发推广总站（农业部农机监理总站）工作。现任农业农村部农机试验鉴定总站、农业农村部农业机械化技术开发推广总站研究员，兼任《农机科技推广》杂志主编。

长期从事农业机械化、农机安全监理、农机化技术推广的信息宣传和研究工作，先后参与《中国农机化》杂志、《中国农机安全报》《中国农机监理》杂志、《中国农机化导报》《农机科技推广》杂志等报刊的创办与发展。作为《中国农机安全报》《中国农机监理》杂志的创办者，为中国农机安全报社的创立和发展做出突出贡献。报社被农业部授予"农机安全宣传教育特别奖"，个人被授予"有突出贡献新闻工作者"和"十年创业贡献奖"。获农业部颁发的"农业好新闻"一等奖、二等奖、优秀奖，多次获得行业优秀新闻工作者称号。学术论文《论农机监理事业发展宏观走向》获中国农机监理学会论文一等奖，《农机安全监理风雨兼程 30 年》获农业部"见证农机化发展 30 年"征文活动二等奖，《肩负起农村道路交通安全管理的重任》获中国农机学会优秀论文三等奖。

发表于《中国农机监理》杂志的代表作《光明行三部曲》之《回过头来看监理》《平心静气说监理》《满怀信心干监理》以及《农机行政执法》《农机安全心理学》系列讲座（共 41 期计 16 万字）在全国农机安全监理行业产生广泛影响。发表于农机行业其他专业报刊的研究类、技术类文章和通讯等 60 余篇。

传播者　刘司法

　　1981 年 9 月 1 日，生于农村长于农村的刘司法，平生第一次离开生养自己 18 年的家乡，踏上绿皮火车前住离家 200 公里外的西北农学院求学。参加高考时曾一心想跳出"农门"的他，终究也没有成为传说中的那条"鲤鱼"，误冲误撞被命运之水卷进农学院的"农门"。从此，他的人生便结结实实地与"农"结缘。自嘲是"新农民"的他从此开始了几乎终其一生的农业科普之路。

　　1985 年 7 月，经过大学 4 年的学习提升，毕业时刘司法被分配到位于南京远郊的农牧渔业部南京农业机械化研究所，被单位人事部门安排在当时被叫做情报室所属的编辑部从事《中国农机化》杂志的编辑工作。阅览大量国内外农业科技和农机化方面的报刊资料是他新到单位 8 小时工作时间之外消磨时光的主要方式。

　　1987 年，《中国农机安全报》创办。因为扎实的编辑功底和低调务实的工作作风，刘司法成为报社初创团队的一员，有机会和新生的《中国农机安全报》一起成长一起进步。报社作为刘司法职业生涯和人生历练的成长平台，在此后近 20 年的报纸创业与发展经历中，刘司法和报社同仁一道成功构建了依托全国农机安全监理系统面向全国 2 000 万农民机手开展日常安全宣传教育的网络和平台，借此平台，报社以《中国农机安全报》和《中国农机监理》杂志为宣传媒介为农机安全宣传教育和农机安全监理事业发展做出了突出贡献。报社同仁的不懈努力以及和全国农机监理系统在"共同办报"事业中达成的共识，共同成就了足以在我国农业科普和农机化宣教史上留下深和落地，又重视在送杂志活动中对农机合作社等新型经营主体的采访和调研。到 2019 年年底，总站和处里已累计为近万家农机合作社寄送《农机科技推广》杂志，刘司法利用出差、开会之机，进村入户为数十家农机合作社送去杂志和农机化技术信息，采访了 10 余家典型农机合作社，并通过《农机科技推广》杂志等把合作社科学种田的经验和开展农机社会化服务、引领小农户致富奔小康的好作法宣传到行业和农村社会。这种进村入户面对面、一对一的采访宣传具有很强示范效应，典型合作社也影响带动了一批新型经营主体更加关注自身发展，更加重视农机社会化服务在乡村振兴中优势作用的发挥。

鉴于在送杂志和采访调研过程中看到、感受到新型经营主体对农业科技的热切渴望，刘司法将持续利用科技下乡活动平台，更加关注农机合作社等新型主体在乡村现代化中的引领示范作用，更加关注新型主体和小农户在农村改革进程中的协作与互动，更加关注新型经营主体自身综合服务能力的拓展与建设。刘司法在更宽视角下的田野调查之路刚刚开始。

无论是针对广袤农村的千百万农机手进行的安全宣传教育，还是针对数十万农业科技工作者进行的农机化技术的推广与应用，抑或是针对数万农业新型经营主体——农机合作社的农机科技信息宣传与普及，刘司法一如既往地投入自己的学识与心血，始终心系"三农"，不负职责，兢兢业业，善始善终。

30 余年职业生涯中，刘司法坚信只有耕耘才有收获，带着传统农村家庭给予自己"不劳动者不得食"的朴素认知，背负大学母校"诚、朴、勇、毅"的校训，恪守一名编者"为他人作嫁衣裳"的职业操守和奉献精神，始终把"服务农村读者、无私奉献社会"作为最高精神追求，默默耕耘在农业科普和农机化技术推广的平凡岗位上，干平凡事，做平凡人。

杨国成，1962年4月生，湖南省永州市人，中共党员，毕业于中国农业大学（原北京农业机械化学院）农业机械化专业，现任湖南省农机局副局长。1983年分配到机械工业部西宁高原工程机械研究所工作，1984年被青海省授予"青年开拓者称号"。1986年调到湖南省农机局工作，历任副科长、科长、工程师、副处长，从事农机化科技、教育和培训工作，1994年被农业部评为"全国农业教育先进工作者"，1995—2000年被农业部聘为"全国中等农业教育指导委员会委员"。2001—2011年任湖南省农机安全监理总站副站长、站长，2004年被聘为"湖南省安全生产专家委员会专家"，2003—2006年在湖南农业大学读在职研究生，获农业推广硕士学位。2012—2019年任湖南省农机局党组成员、副局长。曾在中国农业工程学会、中国农业机械学会、全国农业职业教育研究会、湖南省农业工程学会、湖南省交通工程学会等学术团体担任相关职务。参与机械工业部下达的"涡轮增压器高原性能研究"、农业部下达的"农业中专联合办学，提高办学效益"等课题研究，参与《农机安全监理证证件》（NY 1918—2010）标准起草工作。在国内外发表了《农业现代化系统模型研究》《农业工程系统构成及其发展水平指标体系研究》《加速推进农业机械化，破解农业发展困局》等多篇学术论文。组织并参与编写了《机电工程师手册》《小型拖拉机》《耕整机》湖南省中等农机化专业学校教学计划和教学大纲等。

敢为人先　杨国成

理想是灯，洒下璀璨的光；理想是光，照亮前进的路；理想是路，通向充满希望的远方。杨国成就是这样一个有理想、有信念、肯奋斗的人，而他也用自己敢想敢做的精神与实际行动诠释了什么才是真正的责任与使命。

40 年前，杨国成进入北京农业机械化学院学习，在那个农民依旧是面朝黄土背朝天的年代，他发自内心地希望自己能为农民做点事。40 年来，他也曾有过几次离开农机部门的机会，但凭着自己对农民的感情和对农机工作的热爱，他始终坚守在农机化管理岗位上，尽职履责，开拓进取，不辱使命，为农机化事业奉献出了自己的青春和热情。

以改革促发展，推动农机教育培训

杨国成在农机化教育培训岗位工作的 15 年间，特别是担任人教处副处长期间，锐意改革，开拓创新，使得全省农机化教育培训事业蓬勃发展，成效显著。不仅如此，他还积极组织开展招生分配制度改革试点，探索人才通向农村和基层的新路子。1996 年，在他的主张下，经省教委批准，省农机局成立了单独的招生办，开展自主招生试点，招收有实践经验、愿意回农村工作的青年，毕业时发中专文凭，不包分配，自主创业，初步打通了人才通向农村和基层的路子，较好满足了我国社会主义初级阶段多种经济成分对人才的需求。通过改革，湖南全省 10 所农机化学校 81.6％的毕业生走上了能够发挥聪明才智的岗位，到乡镇就业的占 48.8％（约为统招统分毕业生的 3 倍），到非全民所有制单位就业（包括个体户和专业户）的占 49.4%。

与此同时，杨国成还十分重视实践教学，用社会的标准检验学生技能。1987—2000 年，他组织制定或修订了 30 多个专业的教学计划和 300 多门课程的教学大纲，使理论教学与实践教学的比例达到了 1∶1 的平衡比例。全省农机中专学校普遍推行操作技能合格证制度，学生毕业时，必须取得一项以上操作技能合格证（如拖拉机驾驶证、汽车驾驶证、电工证、修理工证、等等）。

他一直为争取农机的教育投入积极努力着，并鼓励学校联合办学，以此改善办学条件。杨国成在岗的这几十年中，他争取省财政设立了农机化教育培训专项，争取省计委加大了对农机学校基本建设的投入，许多学校面貌焕然一新，通过调整专业设置，广泛地开展了联合办学，很好地适应了农村产业结构调整和农村经济建设的需要。到 2000 年，全省 10 所普通农机中专开设专业 50 多个，每年招生 10 000 多人，有 1 所建成国家级重点中专，有 4 所建成省级重点中专；全省 102 所县级农机培训学校，有 99 所纳入国家成人教育体系（其中有 11 所升为成人中专），每年培训 10 多万人次，办学规模、质量和效益均列全国同行和省内各厅局前 3 位。杨国成在农机教育领域做出了突出贡献，也为农机事业整体的改革与发展奠定了基础。

加强监理能力建设，确保农机安全生产

在农机的监理体制建设方面，杨国成也丝毫不敢有任何怠慢，一直脚踏实地、兢兢业业。他积极参与理顺农机监理体制，努力做好低速汽车和拖拉机安全管理职能移交工作。特别是在《道路交通安全法》实施以后，农机监理职能要调整，杨国成做了大量的协调工作，参加了职能移交政策制定和实施的全过程，具体承担了许多重要文件的起草工作。推动省政府印发了湘政办发〔2007〕29 号文件，明确了"依法移交，人随事走；积极稳妥，确保稳定"的原则；推动省编办、省农业厅印发了《省关于重新核定农机监理机构人员编制的通知》，理顺全省农机监理体制，突出了农机监理机构的执法主

体地位，明确了农机监理机构的性质、人员编制和经费保障措施，改变靠收费养人的状况，实现依法行政。全省 141 个农机监理机构向交警部门移交监理人员 1 520 人，其他在岗的监理人员，经核准参照公务员管理单位的占总数的 78%（全国平均为 36%）。新的农机监理机构财政拨款比移交前有较大幅度增长，全省取消了省市两级对 8 项农机牌证收费的分成，省财政安排专项经费解决省市两级牌证管理工作经费。

2008 年，杨国成组织制定了《湖南省农业机械牌证业务操作规程》，农机监理员、考试员、检验员管理办法等多项规章制度，对省、市、县农机监理机构的职责、业务办理程序、方式、内容和标准进行了规范。除此以外，还对机车上户实行了电子目录管理，成为全国农机系统唯一的上户目录与牌证管理对接系统。新的牌证管理系统具备网上办公、移动审批办证和信息查询等功能，对每一笔牌证业务都可以进行全面实时监控，系统功能居全国同行业领先水平。

杨国成始终重视农机监理装备方面的建设，提升监理能力。他积极争取省财政设立农机监理装备建设专项资金，为市县农机监理机构统一配备拖拉机驾驶考试、安全技术检验及事故处理设备和计算机办证设备，积极争取省纪委、财政和公务车改革办的支持。在他的努力下，2011 年湖南省农机监理机构参照交警部门的标准（按监理人员编制，5 人配备 1 台）核定监理执法车辆指标，为每个监理机构配发了一台农机监理车辆，极大地提高了农机监理能力。这也是全国唯一按交警标准配备监理车辆的省。

争取政策支撑，推进农机事业发展

2012 年杨国成任省农机局副局长，分管农机化计划财务、农机化示范、农机产业和农机购置补贴等方面的工作。从业务岗位走向领导岗位，但他不断进取、敢想敢做的工作作风从未改变过。农机购置补贴是诸多强农惠农政策中最受关注的一项政策，而 2012 年以前，农财两部设计的操作办法可以概

括为"差价购机、省级结算、厂商结账"。这种办法让生产企业和经销商直接参与补贴结算，从而出现了大面积"套补"等违法违规案件发生。2012 年，湖南省在全国率先改革购机补贴操作办法，实行"全价购机、县级结算、直补到卡"的新政策。杨国成通过改革创新，依靠"制度 + 科技"手段，构筑起了保障农机购置补贴政策科学规范、高效廉洁实施的防护网，凸现了"事业得发展、农民得实惠、企业得效益"三大成效，也从根本上保障了农民的切实利益。

湖南省购置补贴工作得到中央办公厅、农财两部门和省委、省政府领导肯定。湖南省率先推行的新办法，被农业部称之为"湖南模式"，在全国全面推广。湖南独创的"授权办理、实名操作、个人负责"三员制（系统操作员、核查员、审批员）操作责任机制和利用信息化手段建立"补贴办理全过程实时监控系统"，也在全国推广。省农机局先后 8 次在全国农业或农机化会议上介绍经验，在农业部组织的绩效考核中，评分均居全国前 3 位，全国有 20 多个省（市）农机、财政部门到湖南考察农机购置补贴工作。

在杨国成的带领下，湖南省农机项目资金投入和管理也走上了新台阶。2012—2015 年，中央下达湖南省农机购置补贴资金 41.4 亿元，实施 42.69 亿元，补贴各类农机具 151.02 万台套，84.41 万户农户和农机服务组织受益。几年来，中央财政在湖南省下达农机推广项目、基层农机服务体系建设、农业生产全程社会化服务试点补助资金、农业部在湖南省下达农机推广项目经费等项目资金均有大幅增长，2012 年湖南省财政安排省局年初预算财政拨款 4 851.78

万元，2016 年湖南省财政安排省局年初预算 10 160.73 万元，总量首次过亿元，年终又追加 7 152 万元，全年省级财政投入农机事业经费达到 15 206 万元。2016 年 7 月，在时任省长杜家毫同志的关心重视下，省政府又追加了 2 亿元，并实施了洞庭湖农机化提升工程。为了使项目资金管理更加规范，他在全省农机事业蓬勃发展、资金需求大幅增加的压力下，按照"保运转、促发展"的原则，严格预算管理，加大预算执行力度，统筹局属各单位的资金调度，十分有效地保障了局属各单位正常运转和全省农机事业的持续发展。

杨国成积极参与湖南省农机管理职能的拓展，全从"用农机、管农机"向"造农机"拓展。2012 年省农机局增设了内设处室产业办，推动农机装备产业快速发展。他组织召开了"全省农机产业创新与发展会议"，促成省相关部门联合印发了首个《湖南省农机产业发展规划》，建立了全省农机产业项目库。除此之外，他努力协调推动湖南农机产业园建设，建成了屋面单跨度达 118 米居国内前列、省内第一的展示中心湘潭国际会展中心，已成功承办了 7 届中南农机机电产品展示交易会，建立了全国唯一能够面向全省所有农户的"一站式"购机补贴办公室。

农业机械化是农业现代化的基础和必由之路，是需要有人为之奋斗的事业。无论在哪里，无论是什么样的岗位与职责，杨国成始终可以做到无愧于国家，无愧于人民，也无愧于自己。古人云："为天地立心，为生民立命。"杨国成在家乡这片土地上，抱着对农机事业的一腔热血，始终不忘初心、勇敢前行，用自己的勤劳和智慧，播撒青春，挥洒汗水，在湖南省的农机化事业的进程上写下了值得歌颂的美丽篇章。

活动专题

HUODONGZHUANTI

希望通过此次活动，更好总结经验，分析形势，汇聚力量，为新时代农机化转型升级做出新贡献。

张桃林

张兴旺司长（后排左四）一行在中国农机化协会调研

　　协会做了一件很有价值、很有质量的工作，对这一活动的成功表示祝贺，对大家的付出表示感谢！要进一步研究用好这些心血之作，使之成为农机化转型升级的精神动力。希望协会发挥自身优势，在讲好农机化故事、促进高质量发展、服务乡村振兴中发挥更大作用。

——张兴旺

忽如一夜春风来

——我的征文后记

啊！1978 年，一个神奇的年份！

在那一年，改革开放犹如和煦的春风吹遍了神州大地。

四十年来，人民生活奇迹般地走进了万象更新的春天。

2018 年，中国农业机械化协会举办了"纪念农业机械化改革开放四十周年征文活动"，一不留神，给农机人的心中吹进了一股强劲的春风，激荡起了阵阵春潮，一段段激情燃烧的岁月为此涌动而流淌……

刹那间，叙述着一个个普通农机人的奋斗经历，讴歌了不同层面的农机化工作成绩的一篇篇征文，像春风里的花瓣一样飞到了大家面前。

我如饥似渴地阅读主办方推送的美文，被里面的小人物和故事感动了。大量的征文使我从不同角度感受到中国农机化四十年波澜壮阔的发展历程和取得的来之不易的成就。

这些文字带着温度，带着激情，带着历史，带着追求……所有这些，都是不能从官方公文中感受得到的。

啊！中国农业机械化协会，你做了一件非常有意义的事情！

是你引爆了农机人的美好回忆，

你以平民视角梳理了农机化的发展历程，

你记载了农机人的奋斗足迹，

你启迪了农机人面向未来的思考，

你汇聚起了农机人继续前行的力量！

感动于主办方工作人员的敬业精神，我在这次活动中也递交了一篇《我与农机鉴定改革》的小文。没想到，还获得了二等奖。在此，我对中国农业机械化协会、评委老师及同行们的鼓励，深表谢意！（农业农村部农机试验鉴定总站 宋英）

2019 年 1 月 18 日于北京

中国农业机械化改革开放 40 年
征文获奖作者

特等奖

1. 刘振营
农业机械杂志社原社长、主编、研究员。

2. 王金富
中联重科原副总裁，中联重机原总经理、党委书记、副董事长，曾任福田汽车副总经理，全国人大（第十一届、十二届）代表。

3. 董涵英
中央纪委驻纪检组原副组长、农业部监察局原局长。

4. 赵剡水
国机集团科学技术研究院有限公司副总经理、国家智能农机装备产业技术创新战略联盟理事长，曾任中国一拖集团有限公司董事长。

5. 徐顺年
江苏省农业机械工业协会会长。

6. 王锁良
河北省石家庄市藁城区农业机械服务推广中心、中收藁城联合收割机厂原厂长。

7. 葛振平
　　河北省藁城市农业机械管理局原局长。

8. 岸田义典
　　株式会社新农林社（日本）代表取缔役社长（董事长兼总经理）。

9. 李民赞（译者）
　　中国农业大学教授。

10. 江　帆
　　农业农村部南京农业机械化研究所干部。

11. 夏春华
　　农业农村部南京农业机械化研究所党委委员、党办主任。

12. 张　萌
　　农业农村部南京农业机械化研究所科技管理处副处长。

13. 王祎娜
　　农业农村部南京农业机械化研究所干部。

14. 秦大春
　　重庆市农业农村委员会副主任。

15. 宋　毅
　　中国农业出版社副总编辑。

16. 宋亚群
　　曾在约翰迪尔（中国）投资有限公司工作。

17. 刘　锋
　　河北省农机生产与流通企业协会会长。

18. 姜卫东
　　山东五征集团党委书记、董事长。

19. 杨敏丽
　　中国农业大学中国农业机械化发展研究中心主任。

一等奖

1. 江洪银
　　安徽省农业机械技术推广总站站长。

2. 梅成建
　　农业农村部农业机械试验鉴定总站研究员。

3. 何定明
　　农民日报社原农资部主任。

4. 孙红梅
　　中国农机化导报编辑部主任。

5. 李民赞

中国农业大学教授。

6. 范　蓉

宁波市农业局农机总站调研员。

二等奖

1. 朱礼好

农业农村部农业机械试验鉴定总站信息处副处长，中国农业机械化信息网、《农机质量与监督》执行主编。

2. 吴洪珠

青岛洪珠农业机械有限公司总经理、技术研发中心主任。

3. 李宪义

黑龙江省农委农机局副局长。

4. 宋　英

农业农村部农业机械试验鉴定总站处长。

5. 行学敏

陕西省有突出贡献的专家。

6. 孙　超

农业农村部农业机械试验鉴定总站工程师。

7. 范国昌
　　河北省农业机械化研究所副所长。

8. 李庆东
　　农业农村部农业机械化管理司调研员。

9. 陈军义
　　山西省平陆县张店镇岭桥村农民、军义农机维修店经理。

10. 邓　健
　　广西富力众诚农业科技有限公司总经理。

11. 耿永胜
　　陕西省渭南市大荔县荔盛农机服务专业合作社理事长。

12. 吴正远
　　重庆市梁平区农业委员会农机管理科长。

13. 任洪珍
　　青岛市农业农村局办公室副主任、青岛市农业机械管理局原调研员。

14. 王　鑫
　　陕西省渭南市临渭区农机安全监理站工程师。

15. 宁学贵
　　中国农机工业协会副会长兼秘书长。

三等奖

1. 童国祥
　　江苏省射阳县新射农机有限责任公司董事长。

2. 孙德军
　　河北省沧州市新华区农业局农机管理站、农机监理站工程师。

3. 陶建华
　　中国一拖集团有限公司科长。

4. 郭　恒
　　河北省农业机械化管理局、调研员。

5. 秦　贵
　　北京市农业机械试验鉴定推广站书记、副站长。

6. 廖建群
　　历任湖南宁乡拖拉机厂技术部主任、常务副厂长兼集团中美合资企业总经理等职务；1996年后创办长沙欧陆科技实业有限公司，任董事长。

7. 陆立中
　　江苏省盐城市农业行政执法支队支队长。

8. 裴丽琴
　　勇猛机械股份有限公司部长。

9. 郭永利

曾任中共中央书记处农村政策研究室国务院农村发展研究中心研究人员，中国人民保险（集团）公司副研究员，民盟中央农业委员会委员，北京保险研究院高级研究员。现任江泰保险经纪公司总裁助理、农林风险部总经理，农机安全互助保险设计师。

10. 史可器

西安亚澳农机股份有限公司的创始人，现任亚澳农机董事长、公司技术中心总监。

11. 苗　全

德邦大为（佳木斯）农机有限公司副总经理，农业农村部保护性耕作研究中心黑龙江分中心副主任。

12. 苏仁泰

江西省彭泽县农机修理员，县作协会员。

13. 张宗毅

农业农村部南京农业机械化研究所研究员，博士。

14. 王　棣

中国一拖集团有限公司营销经理。

15. 王艳红

农业机械杂志社内容总监，《农业机械》杂志、《农业工程》杂志执行主编。

16. 吴传云

农业农村部农业机械化技术开发推广总站副处长。

17. 贾　奔

陕西渭南临渭区官道镇贾家村农机手。

18. 张培增

河北圣和农业机械有限公司总经理，研究员。

19. 张建中
　　山西省农机中心副主任，高级工程师。

20. 杨培成
　　重庆市农业农村委员会调研员。

21. 徐志坚
　　曾任农业农村部农机试验鉴定总站科技处处长和检验二室主任，推广研究员。

22. 张长献
　　洛阳辰汉农业装备科技有限公司董事长。

23. 胡　伟
　　天津市农业农村委二级巡视员。

24. 徐　峰
　　农业农村部农业机械试验鉴定总站高级工程师。

25. 吴亦鹏
　　南通富来威农业装备有限公司董事、总经理。

26. 李帅奇
　　河南农业大学学生。

27. 岳国泰
　　河北省石家庄市栾城区农机管理站科长。

28. 宋宝田
　　曲阜市农机事业发展中心。

29. 党延德
　　机械科学研究总院青岛分院农机事业部总经理。

30. 何　忠
　　重庆市潼南区农机技术推广服务站站长。

31. 李丙雪
　　雷沃重工股份有限公司雷沃阿波斯集团公共关系高级经理。

风雨兼程60年

在于农业的根本出路在于机械化 毛泽东

2019 年 4 月 29 日，是毛泽东主席“农业的根本出路在于机械化”著名论断发表 60 周年。中国农业机械学会、中国农业机械工业协会、中国农业工程学会、中国农业机械化协会和中国农业机械流通协会共同主办了“中国农业机械化发展 60 周年

杰出人物"评选等一系列活动，共有60人获得"中国农业机械化发展60周年杰出人物"荣誉称号。本书收录了由中国农业机械化协会推荐并获得荣誉称号的十一位行业人物简介，同时，收录了中国农业机械化协会刘宪会长的两篇专访文章。

中国农业机械化发展 60 周年
杰出人物

刘敏，1960 年 8 月出生，中共党员。1983 年西南农学院农业机械化专业毕业，曾在北京市通县农机局、农业部农业机械化管理司、农业部办公厅、中国兽医药品监察所、农业部农业机械试验鉴定总站工作，现任农业农村部机关服务局局长、党委副书记，从事农业机械化工作近 40 年。

　　王桂显，1961 年 10 月出生，中共党员。1982 年北京农业机械化学院农业机械化专业毕业，曾在农业部农机化管理司、农机试验鉴定总站工作，现任农业农村部农机化技术开发推广总站副站长，分管农机安全监理。从事农机化管理和技术工作近 40 年，有着"终身励志与此"的农机化情怀。在全国农机化试点、发展规划研究、维修行业指导、职业技能开发、产品质量认证、试验鉴定设施建设以及技术推广和安全监理等工作中做出应有贡献、发挥积极作用。在农机行业职业技能开发、维修管理等领域具有较高的知名度和影响力，是行业和学科发展带头人、主要组织推动者，得到同行认可和赞誉。

成洪，1958 年 11 月出生，中共党员。1982 年毕业于吉林工业大学农机制造专业。曾任吉林省农机试验鉴定站（吉林省农业机械化研究所）站长（所长）、吉林省农委农业产业化办公室主任、吉林省农业机械化管理局局长、吉林省农业机械化管理中心副主任、党委副书记（主持工作）、吉林省农业农村厅副厅级巡视员等职务。 1998 年 12 月荣获吉林省第五批有突出贡献中青年专家；2001 年 6 月荣获 2001 年度国务院特殊津贴专家；2006 年 8 月被农业部评为"十五"全国农业机械化管理工作先进个人；2006—2011 年连续 6 年被农业部评为全国粮食生产先进工作者。

　　董佑福，1955 年 4 月出生，中共党员。1979 年毕业于山东农业机械化学院。曾任山东省农业机械技术推广站站长，山东省农机工业协会顾问。自参加工作以来一直从事农机研究、生产和农机化技术示范推广等工作。先后承担了国家和省科技攻关计划、科技支撑计划、科技跨越计划、丰收计划、科技转化计划和重大科技推广计划等项目；先后主持编著出版了有关小麦玉米机械化生产的技术书籍 8 部；先后发表了《面向二十一世纪的山东农业机械化》《玉米收获机械化发展研究》等论文 120 余篇。多次被山东省农机管理局评为先进工作者。

　　郭子超，1949 年 3 月出生，中共党员，安徽省农机局原副局长。从事农机化工作 30 余年。致力于农机化政策研究、政策制定，长年工作于田间地头，发表调查报告、论文和新闻报道 30 多万字，许多调研报告被中央和省领导批示。就农民反映的情况和问题向中央、省委省政府写了 30 多篇内参，绝大部分问题得到解决。编写出版了《改革中的安徽农机化》《农机监理探讨》《希望之路》《铁牛耕江淮》4 部专著。主编的《农机致富百问百答》获原农业部"神农奖"。18 次受到省部级表彰奖励。

行学敏，1955 年 12 月出生，陕西合阳人，中共党员，1979 年毕业于西北农学院农机系农机化专业。1980 年到陕西省农业机械局工作，先后任省农机管理站总工程师，省农机技术推广站副站长、站长，省农机安全监理总站站长，期间曾兼任中国收获机械总公司西安收割机厂厂长、省农机安全协会副理事长兼秘书长。1993 年取得高级工程师职称，2001 年获农业技术推广研究员职称，同年被授予陕西省有突出贡献专家，2002 年被授予国务院特殊津贴专家。1983 年至 1992 年在负责农机技术培训工作期间，曾被评为"全国农机成人教育先进工作者"。1993 年至 2001 年从事农机技术推广工作，在全国首先提出并组织了陕西省的小麦"规模机械化收获（跨区机收）"。2009 年在全国率先开创了"农机安全互助保险"试点工作，被农业部部长称赞为"新生事物，利民利农"。2012 年被聘为国家科技进步奖评审专家，2015 年年底退休。2019 年被评选为"中国农业机械化发展 60 周年杰出人物"。

　　贺祖年，1945 年 10 月出生，中共党员，农业农村部农业机械试验鉴定总站原副站长。1968 年 12 月毕业于北京农机学院农机化专业。1983 年 12 月北京农机学院拖拉机专业研究生毕业，并获得工学硕士学位。长期从事中国农机产品质量认证工作，组织创建了中国农机产品质量认证机构，开创了中国农机产品质量认证的新局面，为推动中国农机产品质量认证工作做出了极大贡献。

　　裴新民，1962 年 7 月出生，中共党员，1984 年毕业于新疆八一农学院农机系，现任新疆农机局总工程师。为新疆农业大学机械交通学院客座教授，硕士生导师，新疆农业职业学院客座教授，新疆农机流通协会、农机标准化技术委员会常务副会长、秘书长。新疆农机学会、农业工程学会、机电工程学会、质量检验学会等常务理事；全国农机标准化技术委员会农机化分标委会委员、中国农机学会标准化分会委员、中国农业机械工业协

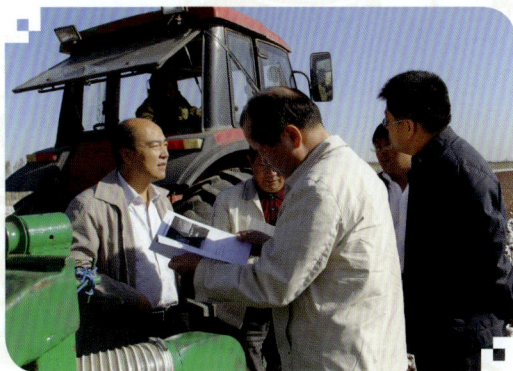

会标准化委员会委员；全国水稻机械化专家组成员、全国农业机械试验鉴定行业发展专家组成员、国家支持推广的农业机械产品目录评审专家组成员；新疆科技厅农业科技专家委员会委员、新疆农业产业化研究会专家成员，《新疆农业科学》杂志编审等。曾经获新疆科技进步奖一等奖、中国机械工业科学技术将二等奖和兵团科技进步三等奖；获全国质量检验先进工作者、农业部农机系统先进科技工作者、新疆民族团结进步模范个人、新疆机关工委优秀党员称号。

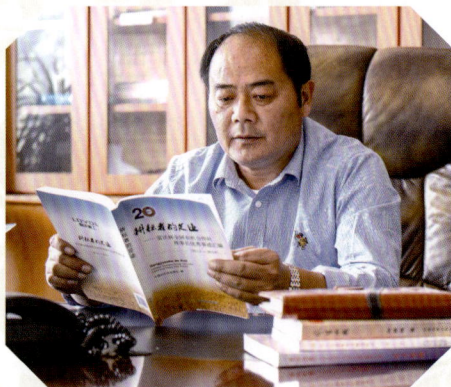

王海斌，1972 年 9 月出生，江苏省常州市溧阳县人，江苏省溧阳市海斌农机专业合作社理事长、党支部书记。历任常州市第十四届政协委员，溧阳市党代表，常州市第十六届人大代表，溧阳市人大代表。1991 年 12 月参军入伍，共产党员，1994 年 12 月退伍返乡，1998 年回村任西沈村民兵营长，2006 年带领部分农机户和种粮大户领办合作社至今。在他的带领下，海斌合作社不断创新服务理念、拓展服务领域，把传统农机合作社与现代农业生产经营主体融为一体，为促进当地农民增产增收、加快当地农业现代化进程做出了突出贡献，王海斌也因此被人称为"现代农业兵"。2011 年，王海斌被中国农产品流通经纪人协会评为"2011 年度全国百强农产品经纪人"；他带领的合作社 2013 年被评为常州市农业龙头企业，2010 年、2013 年，海斌合作社被农业部评为"全国农民专业合作社示范社"。2010 年组建江苏海斌米业有限公司，2015 年海斌米业有限公司被评为江苏省农业产业化龙头企业。2016 年被评为百佳全国创新创业优秀带头人。2016 年被常州市双拥办评为常州市"最美退役士兵"。

王心颖，女，1964 年 9 月出生，中共党员，农业推广硕士，现任农业农村部农业机械试验鉴定总站、农业机械化技术开发推广总站质量监督处处长。长期从事农机试验鉴定和质量评价领域的专业技术工作和理论研究，作为技术专家参加《农业机械化促进法》立法论证、农机鉴定领域部门规章起草和鉴定制度改革，完成百余项农机鉴定、质量监督项目，执笔多项农机化标准、鉴定大纲以及重要文献、史料编撰。1999—2009 年担任全国农机标准化技术委员会农机化分技术委员会秘书长，在我国农机化标准体系创建研究和新型标准开发应用方面取得显著成果。主持我国首个农机化标准体系规划研究课题，提出的农机化标准体系框架和项目规划由农业部发布实施。组织制定修订相关国家和行业标准 200 多项。2005 年获全国农产品质量安全先进个人，2006 年获"十五"机械工业标准化先进个人，2007 年获农业部巾帼建功标兵。此外，在农机试验鉴定、质量监督、信息化等领域做了大量卓有成效工作。

"中国农业机械化发展 60 周年杰出人物" 名 单

（按姓氏笔画为序排列）

序号	姓 名	曾/现工作单位
1	马成林	吉林工业大学
2	王 涛	山东牟平农业机械有限责任公司
3	王世秀	勇猛机械股份有限公司
4	王心颖	农业农村部农业机械试验鉴定总站
5	王伟耀	江苏沃得农业机械有限公司
6	王桂民	雷沃重工股份有限公司
7	王桂显	农业农村部农业机械化技术开发推广总站
8	王海斌	溧阳市海斌农机专业合作社
9	王新明	吉峰三农科技服务股份有限公司
10	区颖刚	华南农业大学
11	毛罕平	江苏大学农业装备学部
12	方宪法	中国农业机械化科学研究院
13	叶 青	安徽省青园集团
14	白人朴	中国农业大学
15	成 洪	吉林省农业农村厅
16	朱 明	农业农村部规划设计研究院
17	朱士岑	中国一拖集团有限公司
18	任露泉	吉林大学
19	华国柱	中国农业机械化科学研究院
20	行学敏	陕西省农业机械安全协会

续表

序号	姓　名	曾/现工作单位
21	刘　宪	中国农业机械化协会
22	刘　敏	农业农村部机关服务局
23	刘成强	山东时风（集团）有限责任公司
24	刘恒新	农业农村部农业机械化技术开发推广总站
25	许敏田	新界泵业集团股份有限公司
26	应义斌	浙江大学
27	汪懋华	中国农业大学
28	张国彬	河北中农博远农业装备有限公司
29	张焕民	河北农哈哈机械集团有限公司
30	陈　志	中国机械工业集团有限公司
31	陈学庚	石河子大学
32	范伯仁	江苏省农业机械学会
33	尚书旗	青岛农业大学机电工程学院
34	罗锡文	华南农业大学
35	金宏智	中国农业机械化科学研究院
36	郑克太	山东华盛中天机械集团股份有限公司
37	赵立欣	农业农村部规划设计研究院
38	赵春江	北京农业信息技术研究中心
39	胡志超	农业农村部南京农业机械化研究所
40	胡南强	农业农村部规划设计研究院
41	姜卫东	山东五征集团有限公司
42	宣碧华	常州东风农机集团有限公司
43	贺祖年	农业部农业机械试验鉴定总站
44	骆　琳	山东省农业机械科学研究院
45	袁寿其	江苏大学
46	贾生活	酒泉奥凯种子机械股份有限公司

续表

序号	姓　名	曾/现工作单位
47	高元恩	中国农业机械工业协会
48	高焕文	中国农业大学
49	郭子超	安徽省农业机械管理局
50	诸慎友	中国农业机械化科学研究院
51	崔守波	山东巨明机械有限公司
52	鹿中民	国家机械委员会工程农机司
53	梁　军	黑龙江省哈尔滨市农业局
54	董佑福	山东省农业机械技术推广站
55	蒋亦元	东北农业大学
56	蒋海方	江苏苏欣农机连锁有限公司
57	韩鲁佳	中国农业大学工学院
58	谢　力	安徽全柴集团有限公司
59	缑永生	新疆维吾尔自治区农机流通协会
60	裴新民	新疆维吾尔自治区农牧业机械管理局

写在"农业的根本出路在于机械化"
著名论断问世 60 周年之际（上）

2019 年 4 月 29 日，是毛泽东主席提出"农业的根本出路在于机械化"这一著名论断整整 60 年。60 年来这个论断一直被广大农机人奉为圭臬。4 月 28 日，笔者采访了中国农业机械化协会刘宪研究员。

笔者：刘会长您好，作为中国农业机械化协会的会长，您一定比较了解 60 年前毛主席做出的"农业的根本出路在于机械化"的著名论断，能否介绍一下您所知道的有关情况？

刘宪：谢谢你的提问，你的问题对于中国农业机械化协会，对我这个农机老兵来说都有非同寻常的意义。我尽力回答你的问题。1970 年上山下乡时我第一次接触拖拉机，1973 年到县农机厂当工人时，工厂大门的照壁上白底红字就写着毛主席的这句名言。多年来我的学习工作没有离开农机，岁月流逝，但这句话已经深深印刻在我的脑海里。据我了解毛主席的这个论断多年来也为一代代农机人所熟知和认同。档案显示这个论断源于 1959 年 4 月 29 日的毛主席的一篇手稿《党内通信：致六级干部的公开信》。公开信的原件现收藏在国家档案馆（中央档案馆）。毛主席用铅笔亲手写于白纸之上，洋洋洒洒 1 500 余字。行文风格与公开发表的毛主席若干手迹完全一致。信中，毛主席和省、地、县、社、队、小队六级干部谈论了关于农业的六个问题。包括包产问题、密植问题、节约粮食问题、播种面积要多少的问题、机械化问题以及讲真话等问题。其中，机械化问题的第一句话，就是"农业的根本出路在于机械化"。原稿中先是写了"农业的根本出路在于实现机械化"，后修改圈去了"实现"二字，即为后来公开发表的"农业的根本出路在于机械化"。我觉得这样更加简明、精辟。毛主席在信中不仅有精辟论断，他还写道：今年、明年、后年、大后年这四年内，主要依靠改良农具，半机械化农具。每省、每区、每县都要设一个农具研究所，集中一批科技人员和农村有经验的铁匠、木匠，搜集全省、全区、全县各种比较进步的农具，加以比较，加以试验，加以改进，试制新式农具。试制成功，在田里试验，确实有效，然后才能成批制造，加以推广。60 年过去了，在我看来这些话内涵依然充满活力，令人难忘。

笔者：刘会长，我很理解您的感受。我的下一个问题是中国农机化协会作为与农机化事业有着密切关系的社会组织，在这一论断发表 60 周年之际，是否开展相关的活动？

刘宪：当然有。2019 年 4 月初，中国农机化协会党支部配合农业农村部农机化司、部机关服务局、部农机鉴定总站、部农机推广总站等单位共同组织到中央档案馆开展学习教育活动，参观了"不忘初心，牢记使命"专题展览，深入了解中国共产党建立以来，为中国人民谋幸福的奋斗历程和丰功伟绩，深受鼓舞。我也有幸亲眼看到了毛主席等党和国家领导人在不同历史时期的手迹原件，其中包括毛主席"农业的根本出路在于机械化"公开信手迹的原件，满足了我多年的心愿。作为农机人大家深受教育。这次活动既是革命传统教

育，也是一次很好的纪念活动。

除了参观学习活动，为深入贯彻落实习近平总书记"大力推进农业机械化、智能化，给农业现代化插上科技的翅膀"重要论述和国务院《关于加快推进农业机械化和农机装备产业转型升级的指导意见》（国发〔2018〕42号），纪念毛泽东主席"农业的根本出路在于机械化"著名论断发表60周年，服务乡村振兴战略，推动农业机械化向全程全面高质高效升级，推进我国农业农村现代化，中国农业机械化协会与中国农业机械学会、中国农业机械工业协会、中国农业工程学会和中国农业机械流通协会将联合召开"落实习近平总书记'大力推进农业机械化、智能化'重要论述暨纪念毛泽东主席'农业的根本出路在于机械化'著名论断发表60周年报告会"和"加快推进农业机械化和农机装备产业转型升级专题论坛"，出版纪念文集和画册，开展"中国农业机械化发展60周年杰出人物评选表彰"，举办专题纪念图片展等各种形式的系列活动。中国农机化协会及所属各分会、专业工作委员将支持和积极参与上述各项活动。

笔者：看来有关的活动内容非常丰富，举办一系列活动有何考量？

刘宪：你问得很关键，我们的目的是把习近平总书记在党的十九大报告中提出的，在全党范围内开展"不忘初心，牢记使命"主题教育活动的要求落到实处。举办各类活动的同时，还要按照主管部门要求，扎扎实实做好促进农机化健康发展的各项工作。中国农机化协会将继续坚持全面深入学习贯彻习近平新时代中国特色社会主义思想。从3个方面入手，贯彻国务院《关于加快推进农业机械化和农机装备产业转型升级的指导意见》要求，一是加强行业自律，发挥行业组织的作用，规范行规行约，促进行业健康有序发展；二是加强信息交流，通过对历史经验和先进理念的挖掘，策划更多高效活动，以此破解当前行业面临的各类问题，实现转型升级；三是研究行业需求，提供教育培训服务，以"先农智库"为依托，发挥协会"策源智慧"的作用，更好地服务行业发展。2019年协会还将通过开展农机化扶贫、农机新技术新装备展演示，绿色农机化技术推广，团体标准和智库建设等系列活动，服务乡村振兴战略，服务农机化和农机装备制造业行业转型升级，为推进农业机械化向全程全面高质高效发展做出积极贡献。

在这里，也特别感谢你的采访。

笔者： 您给我们提供了许多新信息，谢谢。

（采访者权文格，发表于 2019 年 4 月 28 日，中国农机化协会微信公众号）

写在"农业的根本出路在于机械化"
著名论断问世 60 周年之际（下）

2019 年 4 月 28 日，为纪念"农业的根本出路在于机械化"著名论断发表 60 周年，我们推出了对中国农机化协会先农智库研究员刘宪的专访，引起了一些关注，就相关的问题我们再次采访了他。

笔者：我想延续上次的话题再次采访您。请您对今年开展的纪念活动做一个简要评价。

刘宪：这个题目有点难，因为纪念活动还在继续，后面还会有更精彩的内容，可以说点儿个人体会。60 年前，在我国农业的物质基础十分薄弱的情况下，毛主席提出"农业的根本出路在于机械化"，今天看来是非常英明，富有远见的。实践检验表明这一论断基本符合中国实际，是真理。所以不仅过去正确，今后若干年仍然具有指导作用。2019 年 4 月 29 日是论断问世 60 年，中国农机学会、农业工程学会和行业三大协会联袂举办的一系列纪念活动，形式多样、内容丰富，充分表达了农机人的深厚感情和对中国农机化运动发展的理性思考，对于贯彻落实习总书记关于发展农机化的重要论述，促进农机化发展有积极推动的作用。中国农机化协会也是积极组织者和参与者。好的方面大家有目共睹，我就不多谈了。借着这个话题重点说说对农机化的认识问题，围绕这个问题 60 年来尽管有许多讨论，但总觉得不够深入全面，甚至还有些片面的认识存在。大家都在说发展农机化，实际说的涵义并不完全是一回事。什么是农机化，怎样促进农机化，有不同的理解和做法。许多认跨区机收，这就是一个"机"和"化"相互促进、农机农艺相互融合非常成功的一个实例。

笔者：嗯，看来我们还应该全面总结一下跨区作业模式的经验。

刘宪：是的。我们过去从农机作业市场化的角度讨论得比较充分，今天从另一个角度讨论，结论是：以"化"带"机"大有可为。正如恩格斯所说的那样："社会上一旦有技术上的需要，则这种需要会比十所大学更能把科学推向前进。"

笔者：我同意您的说法。我国是农业大国，目前也已经是世界第一农机生产与使用大国，但还并不是农业强国，我国的农机制造已经接近国际先进水平，那么在您看来，从"大"到"强"的差距，"化"这一方面的问题是不是更多些呢？

刘宪：是的。我国的农机装备研发制造已经接近或者某些方面达到国际先进水平，可是"化"方面还很弱，也与农业技术发展有关。从整体上看，我国的农业技术发展远远滞后于国际先进水平。大家都知道荷兰农业很强，荷兰领土面积只有中国二百四十分之一左右，纬度跟我国的漠河差不多。虽然受大西洋暖流的影响，气候比漠河温和，但是同样有漫长难熬的冬天。就这样一个地理气候看起来不太适宜发展农业的国家，却是世界当之无愧的第一农业强国。荷兰农业为什么强呢？就是荷兰非常重视农业技术的发展，并不局限于某些专门的技术，而是综合的、全面的农业技术。包括人工环境控制技术，人工生态圈，精准农业，节水技术，育种技术，病虫害预防技术，动物疾病预防技术，等等。荷兰有一所在世界上排名第一的农业技术大学瓦格宁根（Wageningen）大学，这所大学就是紧密结合农业生产企业，直接参与生产，大学的很大一部分研究经费也来自于与产业界的合作。这样，生产企业能不断提升技术，大学也能不断发现研究课题，获得新的灵感。而我国在农业技术方面的研发还远远不够，与生产实际结合的不够紧密，很大程度上制约了我们的农业机械化发展。

笔者：我们过去几十年发展农机化，比较重视"机"的问题，投入了许多人力、物力、财力，但在"化"的方面，特别是在农机与农艺技术同步研发欠缺，现在需要补短板，"机"和"化"并重，对吗？您认为应该怎么做呢？

刘宪：是的，至少要做到"机"和"化"并重，搞"化"的事更依赖于实际，需要从国情出发，从不同地域的情况出发，分类指导。我参加工作时农业部农机化局就专门设有处室组织开展农机化区划研究工作，发布区划意见，选择不同气候、地形的地区和作物品种建立试点进行验证，当时还是计划经济。后来开放了，情形又不一样，虽然不再是国家直接出面搞，但还是有人做。这方面基层县乡农机推广站的人，农机合作社的社员，亿万农机手是主力军，是农业机械化实现的有生力量。我们应该关注他们的所作所为，倾听他们的声音。近年来，一些优秀的农机制造企业建立实验农场，通过实地作业测试机器的适应性、可靠性；有的与用户建立固定联系收集机器使用中的问题，企业技术人员到地里和农民一起商量如何选择和运用合适的机组，提高作业效率，降低作业成本，获取较高收益的问题，应该提倡和鼓励。中国农机化协会计划选择一些农机企业和农机合作社从 2020 年开始围绕这个题目组织一些活动。

笔者：看来补短板，实现"机"和"化"并重，需要各方面的配合，共同努力才能达到目的。

题都能够顺利解决。但是农机智能化的发展也带来了一些问题，首先，农机智能化想要大规模进入应用，要有成熟的技术支撑；其次，智能农机离不开操作，由什么人来操作，如何做好操作人员的培训；第三，如何保证智能农机的可靠性和安全性，如何规范智能农机的操作和使用，这些都是目前我们所面临的问题，需要逐步解决。

笔者：农机装备智能化正在逐步成为热点，您认为智能化发展要解决好哪些问题？

刘宪：智能化装备发展进程要和农业生产经营规模、机械化规模相适应，提升替代效益是能推动农机智能化发展的关键。现在搞自动化、智能化之后，必然会有很大投入，如果投入发生不了应有的效益，那么这个投入就不可持续。农机自动化、智能化发展要做好顶层设计，由国家政策引导正确的发展方向，也需要进行多部门协同发展，更需要涉及农机农艺相融合的问题。其实，农机自动化、智能化的发展同时也会促进其他产业的发展，比如电子产业、计算机产业、信息技术产业和机械装备产业、等等。单就农业方面来说，农机自动化与国家对农业生产经营模式的完善、改革，包括土地流转、土地托管都有很大关系。劳动力价格进一步提高，农业机械的替代效益提高，能够实现节本增效的目的，大家也就更愿意使用机器。

笔者：近两年来无人农场的发展颇受关注，也存在一些争论，有些人认

为农机智能化发展的未来就是无人化？您是否同意这种观点？

刘宪：我认为，农机智能化不等同于无人化。智能化特别是无人化的农业机械更适合在大规模种植和生产中替代一些简单重复和作业条件严酷的劳动，但由于成本高，对于一些小规模的生产方式以及丘陵山区来说并不适宜推广。前面提到了目前我国的农机智能化还在起步阶段，这个阶段更多的是需要统一标准，解决大家各行其是的问题。大家都在研发智能农机，不同的企业研发农业机械的指挥系统也各不相同，不但容易出现重复开发，造成资源浪费，对于使用者来说也会有各个系统不兼容，可能会有需要多个指挥系统同时运行的情况发生，这些因素也都不同程度制约智能化、无人化的发展。无人化还要因地制宜，统筹发展，还有很长的路的要走。

笔者：随着农机智能化发展，无论是对农机的使用也好，管理也好，维修也好，都对具体的操作人员提出了更高的要求。在您看来，我们目前的操作人员能不能满足新的要求？

刘宪：这是一个很重要的问题。农机教育培训是农机化工作很重要的一部分内容，然而到现在为止，我们在这方面的工作其实还远远滞后于农机化的发展。为什么这么说呢，首先，农机化的教育培训机构不完善。目前的农业大学，对于农机化方面的教学力量单薄，精干力量更注重科研课题研究，针对"化"的教学课时少，内容陈旧；其次，专门针对农机化的教材和学习资料匮乏。农机化发展几十年了，能跟上发展步伐系统专业的正规教材很少见，例如：国四发动机使用维修教材，绿色农机化技术的使用教材等；再次，由于专门的培训机构和教材缺乏，对农机的使用、管理、维修大多依赖民间机构，师资力量不足，培训水平参差不齐；培训手段单一。多数培训还停留在专家讲授、发放学习资料、观看PPT等"静态"培训上，现场教学、实践操作偏少，不能解决实际工作中的问题。高端农业机械的不断涌现，给农业机械化培训工作增加了难度，如何应对新的形势，适应市场变化的需求，是广大农机教育培训工作者需要思考解决的新课题。

笔者：刚才和您谈到了很多关于农机智能化的话题，中国农机化协会也一直在做一些推动农机智能化发展的工作，您能介绍一下吗？

刘宪：自 2017 年起，协会联合国家农业信息化工程技术研究中心等单位多次举办智能农机装备发展研讨会及培训班，积极探讨智能农机装备与精准作业技术产品的研发和推广应用，深入研究"互联网＋"农机技术在现代农机装备作业监管服务与精准作业中的应用模式，提升农机信息化与智能农机科技创新能力，推进农机化与信息化融合，加快智能农机新技术应用和科技成果转化，推进农机全程机械化作业、社会化服务领域信息化技术发展。协会下设的合作组织分会和大学生合作社理事长分会，正在调研智能化投资规模及产出效益，协会的专业智库也在进行专题研究。这些工作为国家相关部门的顶层设计提供基础性素材。同时，协会牵头制定了一些相关的团体标准，希望通过这些基础性工作来配合国家有关部门、推广机构健康有序地推进农机智能化的发展。

农机装备自动化、智能化发展是大势所趋，推动农机装备的智能化、集约化、数字化发展将是实现农业现代化的必由之路，势在必行，建议稳步推进防止盲目投入，一哄而上。就目前而言，农机装备智能化，自动化发展的条件还不够成熟，也还存在一些政策、技术问题。我国近几年发布的多项政策，为农业机械智能化发展创造了良好的环境，相信，随着国家产业政策的大力推动，农业制造业的快速发展，我国的智能化农机装备将走上健康、良好的发展道路。

笔者：感谢刘会长解答了我的很多疑问，我们今天谈论的话题颇有新意，我想大家也会感兴趣。今天的采访内容计划将于国庆节前推出，您看可以吗？

刘宪：非常感谢您的采访和安排。2019 年是非常具有历史纪念意义的一年，各行各业都在以实际行动歌颂和纪念伟大祖国壮丽 70 年，中国农机化协会将在北京召开"庆祝建国 70 周年农机化发展成就座谈会"，回顾我们农机化七十年的发展和成就。七十年来我们国家的农业机械化从无到有到强，经过了许多挫折与磨难，取得的成就也是巨大的。目前我国的农业机械化从过去单一的服务于种植业向服务于畜牧养殖、水产养殖和农产品初加工多个方向发展，从追求数量到追求高质量发展，步入加快推进转型升级关键时期，我们还有很长的路要走。我坚信，在以习近平总书记为核心的党中央的领导下，我们农业机械化发展之路必然会越走越好。

（采访者李雪玲，发表于 2019 年 8 月 30 日中国农机化协会微信公众号）

刘宪，男，研究员。祖籍甘肃泾川。1955 年生于古城西安。1970 年上山下乡参加农业劳动，1973 年在县农机修造厂参加工作。1982 年加入中国共产党。1983 年毕业于北京农业机械化学院。在农机化领域多个岗位工作近 50 年，长期从事农机制造和修理，农机检测鉴定、技术推广和安全监管，农机化宏观管理等工作。敏而好学精通专业，熟悉基层，阅历丰富。曾任国家农业部农业机械化管理司处长、副司长，河北省藁城市市委副书记（挂职），农业部农机试验鉴定总站副站长，农业部技术开发推广和安全监理总站站长。国务院学位委员会全国农业推广专业学位研究生教育指导委员会委员。多次承担和参与国家农业机械化立法论证，农机化重要政策，部门规章起草，行业技术标准的制定，国家财政重大专项实施和课题研究，国际合作项目实施和重要文献、史料编撰。在国内外发表论文数百余篇。主编《农机维修系统管理工程》《农机事故图册》《农业机械化纵横谈》（网络版）等专著 300 余万字。先后担任中国农业大学硕士研究生导师，中国农业机械学会、中国农机鉴定检测协会副理事长，中国农业工程学会农机化电气化专业委员会副主任委员，中国农机流通协会特聘专家。国家强制性产品认证技术专家组成员、国家计量认证及实验室认可评审员、中国质量协会企业质量管理诊断师、在农业装备制造和修理、新产品试验选型，新技术新机具推广和农机检测实验室建设、农机安全性、适应性、可靠性评价方面成果丰富。1988 年推广农机节能技术获国家经济委员会技术开发优秀成果奖，1991 年获国家计划委员会全国节能先进工作者称号。2009 年主持"伪劣农机具快速鉴别"项目获中华农业科技科普奖、2006 年获农业部"十五"全国农机化先进人物奖。2013 年"油料耕作栽培新模式集成创新与示范"获农业部农牧渔业丰收奖。2010 年获中国农机发展贡献奖。2019 年入选中国农机化发展 60 位杰出人物。多次获得农业部优秀共产党员和先进工作者称号。

现任国务院安全生产委员会咨询专家委员会委员，中国农业机械化协会会长，全国农业机械化标准技术委员会副主任，农业部主要农作物全程机械化推进行动专家指导组专家，中国农业大学兼职教授。领导中国农业机械化协会加强党组织建设和内部管理；履行社团社会责任，开展产业扶贫等公益慈善大型活动。秉承"市场导向、服务当家"理念，创办中国甘蔗机械化博览会、创立协会团体标准和先农智库，承担行业重大项目第三方评估，制造业转型研究，合作社发展，废弃物资源化利用等重大热点问题研究项目，编著出版年度《农业机械化白皮书》《农业机械化研究文选》《杰出人物传记》等智库产品。及时发布和宣贯新标准，为行业发展提供全方位优质服务。

专题三

波澜壮阔70年

回顾七十年　心潮澎湃
展望新时代　任重道远

金秋九月,秋高气爽。2019年9月22日,由中国农业机械化协会主办的"庆祝建国70周年农机化发展成就座谈会"在北京隆重召开。

会议在庄严的国歌声中开幕,参会代表全体起立唱国歌。

参会嘉宾全体起立唱国歌

农业农村部机关服务局局长　刘敏

第十二届全国人大常委会副委员长张宝文先生一直关注农机化事业，对中国农业机械化协会组织座谈会等活动给予充分的肯定与支持，他在听取协会关于召开座谈会的汇报后，表示要到会看望大家，因日程安排变动后委托农业农村部机关服务局刘敏局长代做书面发言并向与会代表致以节日的问候。张宝文副委员长在讲话中指出，70年来，中国的农业，包括农机化，取得了举世瞩目的伟大成就。这些成就来之不易，既体现了中国共产党带领中国人民勇于尝试、坚定探索的革命精神，也体现了全体农机人勇于创新、扎实奋进的事业担当。这些都是我们的宝贵精神财富，值得好好总结。在庆祝中华人民共和国成立70周年的时刻，回顾农机化发展的历史，梳理农机化发展成就，总结成功经验，有着重要的历史和现实意义。他指出，在党中央的全面部署下，我国农业的供给侧结构性改革日益推进，成果日益丰富。在确保国家粮食安全的基础上，促进了农业由过度依赖资源消耗向追求绿色生态可持续转变，走出了一条产出高效、产品安全、资源节约、环境友好的现代农业发展之路，也给农机化提出了崭新的课题。他特别强调，2019年是中华人民共和国成立70周年，是"两个一百年"目标的决胜之年，也是全面开启新一轮全面改革开放浪潮和第二轮供给侧结构性改革的关键之年。希望农机化行业不忘初心，牢记使命，深刻学习领悟习近平总书记"大力推进农业机械化、智能化"重要论述的丰富内涵，不断更新理念，扎实工作，进一步推进农机化改革开放，推进我国农业机械化发展，助力乡村振兴战略！

农业农村部农业机械化管理司副司长李安宁发表题为《回望成就 在新的历史起点上加快推进农业机械化》的演讲。他指出，回望中华人民共和国成立 70 年以来农业机械化发展历程，可以发现，党中央、国务院始终高度重视农业机械化发展，把农业机械化作为发展农业生产、推进农业农村现代化的重要内容、重要支撑和重要标志，持续不断推进，农业机械化从零起

农业农村部农业机械化管理司副司长　李安宁

步，农业生产方式从千百年来的以人畜力劳作为主转为以机械化作业为主，走出了一条中国特色的农业机械化发展道路，取得了举世瞩目的历史性成就。农机装备总量持续快速增长，我国成为农机生产使用大国；农机作业水平持续快速提高，农业生产方式实现历史性转变；农机社会化服务持续发展，成为农业生产服务的主力军；农机化管理服务水平持续提升，法规政策体系基本建立。这些成就的取得，离不开农机化系统始终坚持服务大局，主动入位；始终坚持遵循规律，循序渐进；始终坚持市场引导，政府扶持；始终坚持创新驱动，开放搞活；始终坚持依法促进，合力推进。李安宁指出，回望是为了更好地出发，能够锚定好前行的方向，各级农机化管理部门要密切与工信、财政、科技等部门的沟通协作，主动入位，履职担当，在当前和今后一段时期，

农机化协会领导及中层干部向参会嘉宾致谢

重点做好以下 8 个方面的工作：一是着力推进农机农艺融合；二是着力推进机械化信息化融合；三是着力推进农机服务规模与农业适度规模经营相适应；四是着力推进机械化生产与农田建设相适应；五是着力推进主要农作物生产全程机械化；六是着力推进农业生产机械化全面发展；七是着力推进农业机械化人才队伍建设；八是着力推进农业机械化管理"放管服"改革。

在座谈会上，中国农业机械化协会领导团队集体亮相并向参会代表表示问候和感谢。

自 2017 年起，协会认真贯彻落实部党组关于农业产业扶贫的重大部署安排，在做好本职工作、服务行业系统的同时，坚持把农业产业扶贫作为协会的重点工作之一，强化协会公益属性，创新工作机制，发挥行业优势，整合多方资源，积极参与各项脱贫攻坚和公益爱心活动，率先提出"点单式"扶贫模式。在充分调研贫困地区农机需求后，协会 3 年来先后发布了"情系'三区三州'，为对口帮扶四川省凉山州昭觉县、甘孜州理塘县和阿坝州红原县 3 个县共捐赠了 150 万元的 80 多台（套）农机具；爱心农机助力脱贫攻坚""牵手贫困村，助推机械化"公益募捐书以及中国农业机械化协会扶贫公益活动倡议书。在此次会议上，中国农业机械化协会对多年来在农机扶贫活动中做出贡献的江苏省农业机械试验鉴定站、雷沃重工股份有限公司等爱心单位及管延华、孙冬等爱心个人授予农机扶贫爱心单位和农机扶贫爱心人士荣誉称号，并颁发证书。

李安宁、刘恒新为扶贫先进单位颁发荣誉证书

王桂显、李斯华为扶贫先进个人颁发荣誉证书

《40年，我们这样走过》《农业机械化研究文选（2018）》首发仪式

中国农业机械化协会先农智库最新成果——《40年，我们这样走过：纪念农机化改革开放40周年征文优秀作品集》《中国农业机械化研究文选2018》，在座谈会上举办了隆重的首发仪式。首发仪式上，中国农业出版社胡乐鸣总编辑，农业农村部农业机械试验鉴定总站，农业农村部农业机械化技术开发推广总站党委副书记、纪委书记李斯华，向《40年，我们这样走过：纪念农机化改革开放40周年征文优秀作品集》作者代表：中国优质农产品开发服务协会《优质农产品》杂志宋毅总编辑、国机集团科学技术研究院赵剡水副总经理、南京农机化研究所张宗毅研究员、河北省沧州市新华区农机站孔德军站长、安徽特源鑫智能科技有限公司吴清槐总经理等赠书。

中国农业机械化协会于2018年年初，开始协调各分会（试验检测、农用航空、设施农业、畜牧、信息等10个分会及专业委员会），根据各自分会的行业标准化建设的现状、特点以及行业长远发展的需要，在国家、行业标准体系框架下，按照规范自律、共促发展、技术进步、补充空缺的原则，密切结合大农业发展，特别是农机与农艺、信息技术紧密结合过程中的生产工艺、组织协作、专业服务等环节，组织了相关标准的制定工作，目前已经取得了良好的成效。此次座谈会，中国农业机械化协会副会长杨林代表协会向公众发布了由协会组织制定的行业团体标准 21 项。

团体标准发布

农机保险是一项利国利民的好事情，是化解农机事故风险，促进农民家庭和社会和谐的事情，农机互助保险是一项新生事物，是农机保险的一种制度，它在化解农机安全事故风险、做好农机安全事故事后防御方面都可以起到非常大的作用。9 月 21 日，中国农业机械化协会农机安全互助保险工作委员会正式成立，在此次座谈会上，农机安全互助保险工作委员会举行了揭牌仪式。农业农村部农业机械试验鉴定总站、农业农村部农业机械化技术开发推广总站党委书记刘旭，中国农业机械化协会会长刘宪为工作委员会揭牌。

中国农业机械化协会农机安全互助保险工作委员会揭牌仪式

——七十年的历史告诉我们，尽管我国农机化发展过程艰难曲折，我们仍然能够找到正确的发展方向，制定切合实际的发展目标，探索出一条适合中国国情的发展道路，没有共产党的英明领导，是根本不可能实现的。

——在七十年发展历程中，每到发展的关键时刻，国家都有重要的举措出台，为农机化发展提供支撑。无论是建国初期的新式农具推广，还是改革开放后的经济体制改革、农机工业的结构调整，《农业机械化促进法》的颁布、购机补贴政策的实施，等等，每一次大发展，都离不开国家政策的引导与巨大投入的扶持。

——七十年来，不断的改革和创新为农机化发展提供了源源不断的动能。新型农业经营体制的建立，合作社的发展促进了机械化农业生产的大飞跃。推进农机装备智能化和农机化转型升级，充分彰显社会主义制度的无比优越性。

——七十年中，农机与农艺的不断融合为农机化技术和装备普及推广开辟了广阔的应用空间。先进的农艺技术与机械化技术相结合，造就了适宜的机械化生产模式，带动了农业生产方式的转变和劳动生产率水平的提高。

——七十年发展，为新型农业生产经营主体成长、机器换人创造了优越的环境条件和光明的前景。经过多年的探索，国家对新型农业生产经营主体的发展已经形成了较为完整的政策扶持体系，专业大户、新型农事服务组织、龙头企业、农村电商不断涌现，高知青年的进入为农机化的发展注入了丰富的活力。

——回顾不平凡的七十年，随着市场经济体制的建立和国家治理体系的发展完善，农机化领域的行业协会，合作组织从无到有，从小到大，发挥着越来越重要的作用，预示着我国农机化事业不断走向成熟和发达。

刘宪指出，大国小农依然是我国的基本国情，小农户未来应该如何发展？如何协调统一农户小规模经营与机械化大发展之间的矛盾，还需要投入更多的精力去研究；农机装备与农业技术融合发展的瓶颈依然存在。目前我国的农业技术研发与农机装备的高速发展不相适应，二者之间融合度还不够。加强农业技术方面的研发力度，增加农业技术与农机装备的匹配融合度，将是未来很长一段时间内农业机械化工作的努力方向。

他表示，近年来，中国农业机械化协会一直致力于服务政府、服务行业、服务农机使用者，开展了一系列的工作，也取得了一些成绩。但是，面对新时代对农业机械化发展提出的新要求，站在这个历史的新起点上，深感中国农业机械化协会任重道远，国家和社会各界对协会的工作寄予厚望，中国农业机械化协会将同力协契，秉承初心，牢记使命，奋力向前。

（文 / 白汀）

庆祝中华人民共和国成立 70 周年活动
领导嘉宾

张宝文，1946 年 11 月生，陕西兴平人，民盟成员，1968 年 12 月参加工作，西安外国语学院英语系毕业，大学学历，教授。

曾任第十二届全国人大常委会副委员长。第九届、第十届、第十一届全国政协常务委员，民盟中央主席。

　　宋树友，1937 年 6 月生，黑龙江省阿城人，中共党员。
1964 年 7 月毕业于东北农学院嫩江分院农学系。毕业后在
农业部、农机部和机械部等单位从事农业机械化管理工作。
1973 年 10 月，任农业部机械化局副局长；1984 年 9 月，
任农业部机械化管理司司长兼司机关党委书记；1994 年 1 月，
任中央纪委驻农业部纪检组组长、党组成员兼部直属机关党委
书记；1998 年 4 月，任国务院稽查特派员。2004 年 11 月
20 日，当选为中国农业历史学会理事长。2008 年 8 月 1 日，
当选为发展中国论坛（CDF）副主席。

农业机械化管理司新老司领导合影

胡乐鸣，1962年4月生，浙江湖州人，中共党员。1986年7月毕业于浙江农业大学农经系，同年分配到农牧渔业部农村合作经济经营管理总站工作，历任农业部农村合作经济指导司办公室主任，农业部农村经济体制与经营管理司综合处处长，农业部农业机械化管理司产业发展处处长、助理巡视员，中国农村杂志社副总编辑，农业部农业机械化管理司副司长，农民日报社总编辑。现任中国农业出版社总编辑、高级编辑。

曾任中国农业机械学会副理事长、海峡两岸农业交流协会理事，现任中国农村合作经济管理学会副理事长、中国农业经济学会常务理事。

曾参与农机化发展"十一五""十三五"规划的编制，参与农机购置补贴政策的调研、起草和完善，参与农机试验鉴定制度调研和完善。

李安宁，1963年10月生，贵州大方人，中共党员。中国农业大学农业机械化工程专业博士研究生，高级工程师，现任农业农村部农业机械化管理司副司长。长期从事农业机械化工作，曾担任农业农村部农业机械化技术开发推广总站副站长，2009年曾作为中组部、团中央第十批中央博士服务团成员赴湖北黄冈市挂职担任副市长。

刘恒新，1964 年 9 月生，陕西富平人，中共党员，大学本科学历，1985 年 8 月参加工作，农业推广硕士。

1985 年 7 月毕业于西北农学院农机设计制造专业，同年分配到农业部农业机械试验鉴定总站工作，曾任技术员、工程师、高级工程师、室主任等职，2003 年 7 月任农业部农业机械化管理司副司长。2013 年 6 月任绥化市副市长。2015 年 2 月任农业部农业机械化技术开发推广总站站长。

刘恒新长期从事农业机械化管理工作，近几年重点参与了农机具购置补贴、农机跨区作业、农机安全监理、保护性耕作等相关政策的制定以及指导各地贯彻实施等工作。

刘旭，1963 年 9 月生，中共党员，1985 年 7 月毕业于西安交大，内燃机专业学士、农业推广硕士、研究员。现任农业农村部农业机械试验鉴定总站党委书记，农业农村部农业机械试验鉴定总站、农业农村部农业机械化技术开发推广总站副站长，中国农业机械学会副理事长，全国农业机械标准化技术委员会副主任委员和农机化分技术委员会主任委员，国家强制性认证农机技术专家组组长，"全国农机化科技创新专家组"和"全国农业机械化与设施农业工程技术专家库"专家，是农业部有突出贡献的中青年专家。

刘旭长期从事农业机械化技术和管理工作，在农业机械试验鉴定、农机质量认证、农业机械化管理和政策研究等方面有丰富的经验。主持构建新的试验鉴定制度体系和技术体系，积极推动农机鉴定改革发展，为农机购置补贴政策实施提供技术支撑和服务保障。主持完成"农村在用面粉加工机械对面粉质量安全的影响及控制研究"等部级农机认证专项研究课题和"我国农机节能减排潜力评估与技术路径"基金项目，主持制定《农用柴油机推广鉴定方法》《农机产品质量认证通则》等行业标准，公开发表论文 20 余篇。

　　杨林，1952 年 1 月生，中共党员。1969 年 9 月参加工作，黑龙江八一农垦大学农机系，农业生产机械化专业，大学本科学历，工学学士。历任农业部农业机械化管理司科教处处长、农业部农业机械化技术开发推广总站副站长、农业部农业机械试验鉴定总站副站长，现任中国农业机械化协会副会长。

　　在任农业部农机化司科教处处长期间，主持编制了《农业节本增效工程技术推广规划》《优势农产品产区机械化示范工程规划》等多个农业工程规划和推广技术文件，对增加农田作业机具拥有量、提升机具配套比以及提高优势农产品国际竞争力起到了极大的促进作用。

　　在任农业部农业机械化技术开发推广总站副站长期间，主持完成了水稻、玉米等多项机械化技术推广项目，推动了农机化水平的提升；在推广工作中注重开展农业的产前和产后机械化技术服务，主持编写了多本农机化技术培训教材，努力探索农机推广工作新思路新举措，开创了全国农机化推广事业的新局面。

王天辰，1962年3月生，甘肃省兰州市人，中共党员，农业技术推广研究员。现任中国农业机械化协会副会长兼秘书长。

1982年1月毕业于甘肃农业大学农机系农业机械化专业。历任甘肃省农业机械鉴定站站长、农业部旱作农机具质量监督检验测试中心主任等职务。2010年调入农业部农业机械试验鉴定总站工作，2011年任农业部农业机械试验鉴定总站办公室（人事处、党委办公室）主任（处长）。

王天辰同志长期在农机化领域工作，多年来从事农业机械试验鉴定、质量监督检验及质量技术管理工作。曾受国家认监委和农业部委派参加了50多个部级质检中心的评审验收工作，主持完成了10余项全国农业行业标准和地方标准的起草工作，在全国性学术刊物和全国农机行业学术年会上发表论文20余篇，主持完成的"小麦地膜穴播技术配套机具研究"项目获甘肃省科技进步三等奖。1995年和2005年分别被农业部授予"全国农业质量监督先进工作者"和"全国农产品质量安全工作先进个人"称号。

　　王进仁，1967年7月生，山西朔州人，中共党员，大学学历，农业推广硕士学位。曾任山西省农业厅办公室主任；山西省委农村工作领导小组办公室专职副主任，省农业厅副厅长、党组成员。2017年11月，任省农业机械发展中心（省农机局）党组书记、主任（局长）。2018年10月，任省农业机械发展中心党委书记、主任。

　　韦周凡，壮族，1962 年 1 月生，广西东兰人，中共党员，在职研究生学历。现任广西农业机械化服务中心主任、党组书记，广西农业农村厅党组成员。领导和主持广西农机中心全面工作。

　　曾任广西东兰县计委党组书记、主任，扶贫办主任，副县长；广西田阳县委副书记；广西百色市右江区委副书记、副区长，区政府党组副书记；广西平果县委副书记、县长、县委书记；广西百色市委副秘书长；广西农业机械化管理局党组书记、局长。

　　王京宇，1988 年 9 月生，2011 年毕业于北京北大方正软件技术学院，2016 年 9 月加入中国农业机械化协会，现任中国农业机械化协会办公室项目主管。2010—2016 年在互联网企业任职管理岗位，从事过网站规划建设及运营、网络营销及运营、团队项目管理等工作。多次参与协会理事会、农业机械化研究文选编著、纪念农机化改革开放 40 周年文集收集编著、农业机械化发展白皮书项目、行业发展研究论坛、全国农业机械及零部件展览会、中国国际农业机械展览会、中国甘蔗机械化博览会等的筹备及会务等工作。积极投身协会扶贫工作，为脱贫攻坚做出贡献，参与协会扶贫工作策划和组织实施，多次前往贫困地区一线参与走访调研和扶贫方案制订，参与协会向贫困地区捐赠农业机械等组织活动，多次带队带班参与脱贫脱困创业致富培训班，为贫困地区培养脱贫攻坚带头人才上百人。学员来自四川省甘孜藏族自治州理塘县、凉山彝族自治州昭觉县、阿坝藏族羌族自治州红原县，河北省保定市曲阳县、涞水县，甘肃省兰州市永登县，湖南省湘西土家族苗族自治州龙山县，陕西省宝鸡市千阳县等。2019 年 9 月荣获农机扶贫攻坚工作先进个人。

毛小亮，1982 年生，中共党员，山东悍沃农业装备有限公司总经理。中国农业机械化协会、中国农业机械流通协会、中国农业机械工业协会理事、潍坊农业机械发展同业公会副会长。

近年来，秉承"创新驱动发展，品质赢得客户"的企业经营理念，多措并举推动悍沃拖拉机技术创新与产品升级，毛小亮先后带领研发团队完成拖拉机外观的 5 次更新换代，在引领全行业产品升级的同时，带动上下游企业转型发展，赢得用户及行业的认可与赞誉。

曾牵头完成并申报授权外观及实用新型专利 30 余项。主持研发的悍沃大马力拖拉机荣获"农民用户最心仪的拖拉机"十佳品牌；带领企业创新发展获得 2018 年度中国农业机械行业 TOP50 评选"金禾奖"，中国农业机械工业协会整零合作优秀企业"未来伙伴奖"；热心于救灾、扶贫等公益活动，被授予"抗灾救灾先进单位"等荣誉称号。

　　孙冬，女，满族，中共党员，现任中国农业机械化协会国际交流部部长、中国农业机械化协会农机维修分会秘书长、中国农业机械化协会技术委员会秘书长。从事农机岗位 10 余年，参与《中国农机化发展白皮书》《农业机械化研究文选》等编写工作；多次组织中国农机企业与国际机构的合作交流；探索发展团体标准服务于农机各领域，协助多个标准的制定和编写；参与组织行业内各大知名展会，如中国国际农业机械展览会、全国农业机械展览会、中国甘蔗机械博览会等，并牵头承办杨凌进口农业机械展；

开展农机维修相关活动等。近年来，组织开展了一系列有亮点的产业扶贫工作，协调爱心企业为甘肃、河北、四川等贫困地区的农机专业合作社累计捐赠机具 245 台套，价值 270 余万元，解放劳动力的同时还为当地农业增收提供了有力保障；带领的脱贫带头人培训人数达 29 人次；协调协会会员单位在阿坝州红原县这样的高原地区尝试使用无人机进行草籽撒播，解决当地畜牧业发展中的瓶颈难题。

李金良，1974 年 6 月生，中共党员，高级工程师，硕士学历。现任雷沃重工股份有限公司副总经理，兼任雷沃阿波斯集团总经理、党委书记。李金良是企业信息化建设资深专家，全国百佳首席信息官。他着眼于中国制造 2025 和农机装备转型升级，推动雷沃智能数字化制造，产品开发周期缩短了 30%，管理成本降低了 10%，试制试验成本减少 50%；实现了拖拉机动力换挡、中型纵轴流谷物脱分、低破碎玉米籽粒直收、静液压驱动、高速插秧等重大技术突破，促进雷沃农业装备业务竞争力稳步提升。发布 iFarming 阿波斯智慧农业解决方案，制定了"农机智能化""农机智能云服务平台"以及"基于系统平台和大数据分析的智慧农业"三步走战略，在农业大数据分析和精准农业建设方面做了积极而富有成效的探索。作为国家发改委重点产业振兴和技术改造专项负责人，完成雷沃重工全球化高效智能信息平台的建设，推动农机工业制造模式优化升级。

2004—2011 年连续 8 年被评为集团优秀共产党员、党员标兵；2014—2016 年分别荣获全国百佳首席信息官荣誉。主持申请 1 项发明专利、2 项实用新型专利，主持 2 项团体标准的起草发布。

张恩贵，1963年3月生，中共党员，研究生学历，正高级工程师，国务院政府特殊津贴专家。现任甘肃省农业机械质量管理总站站长，中国农业机械化协会常务理事，甘肃省农业机械学会副会长。长期从事农机管理、试验鉴定和质量监督工作，致力于甘肃旱作农业和马铃薯、中药材等特色产业机械化的机具研发、试验鉴定和技术推广。主持和完成省部级科技推广项目10多项，获省部级科技成果二等奖2项、三等奖1项，地厅级一等奖2项、二等奖3项。近年来，紧紧围绕产业扶贫，积极开展技术指导、农民培训、模式创新、合作社创建活动，着力发挥农业机械的作用，有效助推脱贫攻坚。

张斌，1992 年 10 月出生，会计硕士，现任中国农业机械化协会项目主管；2018 年当选中国农业机械化协会农机维修分会委员。主要负责协会财务工作、公益扶贫等工作。参与《推进广西甘蔗评估报告》《农业机械化发展白皮书》编写工作，多次参与协会理事会、全国农业机械及零部件展览会、中国国际农业机械展览会、中国甘蔗机械化博览会、行业发展研究论坛等活动筹备及会务工作。积极响应上级指示，投身协会扶贫工作中，协调对接爱心企业与扶贫地区，多次前往贫困地区走访调研，深挖扶贫需求，策划和组织实施协会扶贫项目；起草编写《中国农业机械化扶贫倡议书》等扶贫文件，参与组织协会无人机草籽撒播、农业机械捐赠等扶贫公益活动。2019 年 9 月荣获农机扶贫攻坚工作先进个人。

　　龚槚钦 Justin Gong，极飞科技联合创始人、副总裁、CMO，巴黎第九大学、清华大学博士研究生，悉尼电影学院传媒学硕士、澳洲精英教育学院会计学硕士，悉尼大学商学院学士，WEF 达沃斯世界经济论坛成员，美国国家地理 Grosvenor 理事会成员，福布斯中国"30 Under 30"封面人物，中国民航局无人机人员资质专家组成员。

　　龚槚钦曾任凤凰卫视特约海外记者、国家地理制片人，2010 年在澳大利亚创办 Jusmedia 影视公司。2013 年 9 月，龚槚钦加入极飞科技，成为联合创始人，负责公司战略、全球化和市场营销工作。极飞科技 XAG（XA.COM）成立于 2007 年，是世界领先的农业科技公司，致力于智能农业设备的研发、制造与运营。目前极飞科技已成为全球运营规模最大的农业无人机公司，成功将植保无人机、机器人技术应用于超过 3.1 亿亩的中国农田，服务了超过 637 万农户。2016 年 10 月，龚槚钦带领团队创办了极飞学院，以在线知识服务结合线下实训的模式，培养新一代中国职业农民。截至 2019 年 5 月 29 日，极飞学院在学农业人才达 49 356 名，通过高新农业科技授业与可持续发展农业观的传输，成就未来农业精英。

　　2018 年 8 月，龚槚钦入选福布斯中国"30 Under 30"精英榜，成为福布斯封面人物。

　　管延华，1965 年 3 月生，中共党员，大学本科学历农业推广研究员，现任山东省农业机械试验鉴定站站长、山东省农业顾问团成员。长期从事农机试验鉴定、质量调查、投诉监管和质量评价领域的专业技术和理论研究工作，作为站技术负责人，先后负责制定了 30 多项鉴定规范制度、60 多个推广鉴定大纲等规范性技术文件；共计签发检验、鉴定报告 6 000 余份，为农机购置补贴政策实施提供了强有力的技术支撑。作为委员参加全国拖拉机标委会、鉴定总站和山东省农机标委会组织的多项学术活动，先后完成了近 100 项相关行业标准的审定工作，在《中国农机化》《山东省农机化》杂志上发表文章 10 篇。先后分别组织了全省农机企业参加的农机推广鉴定技术培训班，站内全体人员、外出人员共计培训 1 000 余人次，为两全两高农机化发展做出了突出贡献。

历年合作社理事长情况统计表
及全国 20 佳合作理事长

2012 年合作社理事长情况统计表

序号	姓名	区域	固定资产/万元	成员人数/人	服务面积/万亩	服务农户/户	经营收入/万元	流转土地/亩
1	陈 领	北京	3 000	807	3.00	2 000 多	—	—
2	孙敬敏	天津	800	—	15.00	3 000 多		
3	柴 林	山西	1 600	213	12.00	3 500 多		
4	于会怀	辽宁	—	826	3.00			
5	林清远	吉林	1 300	316	3.00			
6	李凤玉	黑龙江	2 084	3 645	3.00			
7	王海斌	江苏	1 060	584	1.15			
8	冯泽宝	浙江	1 580.5	130				7 640
9	韩成根	安徽	1 916	768	32.71	5.6 万	—	—
10	王庆伟	山东	1 000	367	—	—	841.6	1.75 万（累计）
11	裴其华	河南	470.61	70	12.00	—		
12	吴华平	湖北	2 000	280	50.00	1.3 万	—	—
13	马学杰	广东	1 650	250	5.70	1 500	600	—
14	杨 华	重庆	302	200	2.00	—	—	
15	廖兴华	四川	533	200	5.23	8 300	—	—
16	宋景西	陕西	896	275	31.00			
17	宋国英	甘肃	872	120	69.00			
18	朱清江	新疆	800	240	10.00	1 300		
19	李小江	宁波	183.6	211				
20	王玉芹	青岛	620	260	12.40			3 500

2012 年全国 20 佳合作社理事长

陈　领（北京）

北京兴农天力农机合作社

孙敬敏（天津）

天津市世纪田园农机服务专业合作社

柴　林（山西）

山西省朔州市大兴农机合作社

于会怀（辽宁）

辽宁省沈阳市会怀农机专业合作社

林清远（吉林）

吉林省农安县众一农机合作社

李凤玉（黑龙江）

黑龙江省克山县仁发现代农业农机专业合作社

王海斌（江苏）

江苏省溧阳市海斌农机专业合作社

冯泽宝（浙江）

浙江省义乌市义和粮食机械化专业合作社

韩成根（安徽）

安徽省肥西县成根农机专业合作社

王庆伟（山东）

山东省高密市宏基农机专业合作社

裴其华（河南）

河南省息县金宝农机专业合作社

吴华平（湖北）

湖北省天门市华丰农机专业合作社

张文国　河北
工作单位：沧县鑫翰种
植专业合作社

冷艳丰　内蒙古
工作单位：扎赉特旗
大岭艳丰农机服务专
业合作社

梁先猛　黑龙江
工作单位：绥棱县
双东现代农机专业
合作社

武昌金　安徽
工作单位：宿州市
埇桥区昌乾农机服务
专业合作社

张卫兴　浙江
工作单位：桐乡市石门镇兴农粮油农机专业合作社

高永　山东
工作单位：郯城县恒丰农机化服务农民专业合作社

梁海彪　广西
工作单位：玉林市仁厚镇丰联农机专业合作社

熊榜萍　贵州
工作单位：平塘县厚德农机综合服务专业合作社

仝明瑞　河南
工作单位：长葛市实佳
农机专业合作社

夏根固　湖南
工作单位：沅江市
根固农机专业合作社

周元贵　重庆
工作单位：重庆圆
桂农机股份合作社

杨平　陕西
工作单位：陕西省武
功县东方农机专业合
作社

蔺伯鸿　甘肃
工作单位：甘肃金农农
机专业合作社

张新华　青海
工作单位：大通县新
华农机科技师范专业
合作社

马建飞　新疆
工作单位：昌吉市农
之鑫农机专业合作社

王辽远　黑龙江农垦
工作单位：黑龙江省
建三江农垦前锋农机
专业合作社

2015 年合作社理事长情况统计表

序号	姓名	区域	固定资产 /万元	成员人数 /人	服务面积 /万亩	服务农户 /户	经营收入 /万元	流转土地 /亩
1	刘占兴	天津	1 480	307	28.00	—	—	—
2	白利军	河北	—	205	0.31	—	—	—
3	王金文	山西	3 000	205	2.60	—	—	—
4	孟亚杰	辽宁	1 650	2 987	6.00	—	—	—
5	薛耀辉	吉林	3 000	1 000	0.42	—	—	—
6	白云鹏	黑龙江	2 283	911	—	—	—	—
7	沈建其	上海	2 000	52	1.20	—	—	—
8	周必胜	江苏	3 500	640	—	—	—	—
9	顾春妹	浙江	1 561	656	3.50	—	—	—
10	李玉林	安徽	2 000	100	20.00	—	—	—
11	王水	山东	1 680	216	3.60	—	—	—
12	李建国	湖南	1 500	—	0.30	—	—	—
13	李乃忠	广东	894	218	—	—	—	—
14	唐新全	广西	560	230	0.60	—	—	—
15	刘福平	四川	1 000	310	22.00	—	—	—
16	李兴锋	云南	571.4	58	12.00	—	—	—
17	王九利	陕西	720	215	5.60	—	—	—
18	吴世荣	青海	800	100	3.50	—	—	—
19	朱学忠	宁夏	1 610	52	7.00	—	—	—
20	韩波	新疆	5 459	61	20.00	—	—	—

2015 年全国 20 佳合作社理事长

刘占兴　天津
工作单位：天津旺达农机服务专业合作社

王　水　山东
工作单位：邹平县亨通农机专业合作社

李乃忠　广东
工作单位：惠东县中惠农机专业合作社

李建国　湖南
工作单位：湖南省常德市鼎城区登丰农机专业合作社

李玉林　安徽

工作单位：安徽省界首市前进农机服务专业合作社

孟亚杰　辽宁

工作单位：康平县汇老农人农机专业合作社

唐新全　广西

工作单位：兴安县全新农机专业合作社

李兴锋　云南

工作单位：峨山县坡拉坡农业机械专业合作社

顾春妹　浙江
工作单位：平湖新联粮油专业合作社

王金文　山西
工作单位：朔州市朔城区金田园农机专业合作社

薛耀辉　吉林
工作单位：公主岭市万欣农民专业合作社

刘福平　四川
工作单位：三台县大兴农机专业合作社

王九利　陕西
工作单位：宝鸡市陈仓区利民秸秆机械化加工利用合作社

韩波　新疆
工作单位：新疆沙湾县宏基农机服务专业合作社

沈建其　上海
工作单位：上海嘉定民欣农机专业合作社

周必胜　江苏
工作单位：江苏省宝应县范水庆丰收割机跨区作业专业合作社

白利军　河北

工作单位：任县沃土农机服务专业合作社

白云鹏　黑龙江

工作单位：五常市峰岭现代农机专业合作社

朱学忠　宁夏

工作单位：银川市金谷穗农机服务专业合作社

吴世荣　青海

工作单位：门源县北山兴源农机服务专业合作社

2016 年合作社理事长情况统计表

序号	姓名	区域	固定资产 / 万元	成员人数 / 人	服务面积 / 万亩	服务农户 / 户	经营收入 / 万元	流转土地 / 亩
1	路国强	天津	660	260	10.00	8 560	630	0.30
2	赵军海	河北	800	230	1.50	—	550	0.26
3	陈永和	山西	500	200	—	—	—	3.00
4	张庆年	辽宁	376	331	8.00	642	3 500	—
5	刘庆山	吉林	1 100	58	1.80	1 103	—	0.60
6	宋全柱	黑龙江	1 750	620	5.80	—	3 079	
7	林项霞	浙江	635	52	3.60	5 000	584	0.50
8	谢好学	安徽	—	216	17.00	2 200	510	
9	傅木清	福建	1 510	456	—	—	—	—
10	邱兵	山东	1 780	670	21.00	—	—	—
11	马佃秋	河南	1 300	119	5.60	—	660	0.57
12	徐灿波	湖南	800	226	3.60	1 100		
13	全王新	广东	1 300	228	2.00	3 562	350	0.23
14	韦华甫	广西	521	283	—	1 500	315	0.20
15	陈忠国	贵州	—	128	3.00	1 000	400	—
16	薛拓	陕西	650	212	3.20	6 000	300	
17	肖生鹏	甘肃	1 413	—	3.00	—	800	0.30
18	鲍奎	青海	—	—	1.38	800		
19	阿力木·如则	新疆	570	200	—	1 000	—	—
20	钟亚春	宁波	600	210	0.60	1 050	300	0.35

2016 年全国 20 佳合作社理事长

邱兵　山东
工作单位：聊城市博凯农机专业合作社

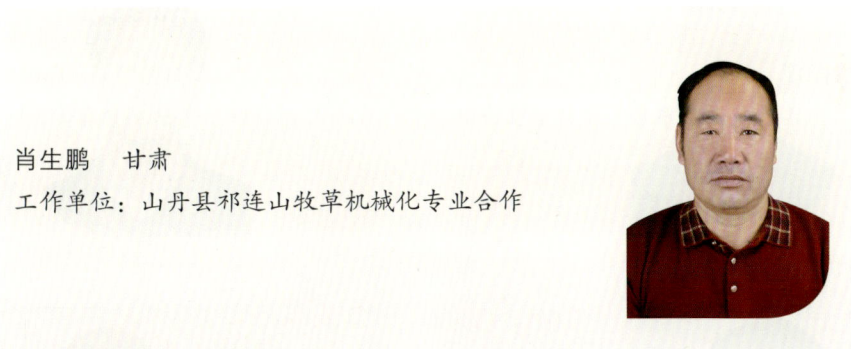

肖生鹏　甘肃
工作单位：山丹县祁连山牧草机械化专业合作

赵军海　河北
工作单位：石家庄市天亮农机合作社

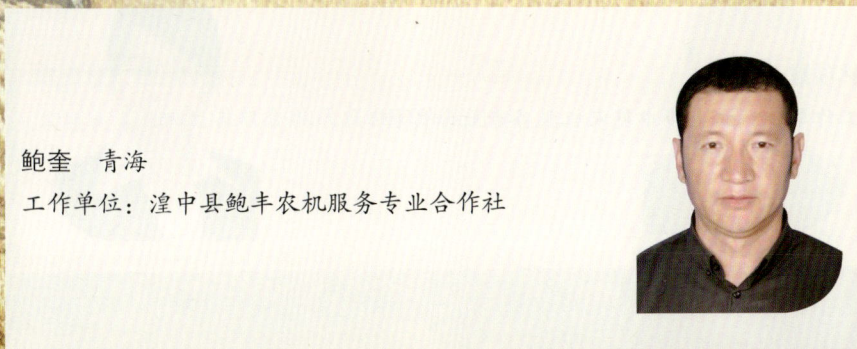

鲍奎　青海
工作单位：湟中县鲍丰农机服务专业合作社

255

路国强　天津
工作单位：天津市武清区国强农机专业合作社

张庆年　辽宁
工作单位：阜蒙县庆年农机合作社

钟亚春　宁波
工作单位：象山县丰盈农机专业合作社

陈忠国　贵州
工作单位：遵义县润田农机专业合作社

阿力木·如则　新疆
工作单位：伽师县铁牛农机服务专业合作社

陈永和　山西
工作单位：山阴县泰和农机专业合作社

马佃秋　河南
工作单位：台前县新科农机专业合作社

韦华甫　广西
工作单位：宜州市烽火联合耕作农机服务专业合作社

2017 年合作社理事长情况统计表

序号	姓名	区域	固定资产/万元	成员人数/人	服务面积/万亩	服务农户/户	经营收入/万元	流转土地/亩
1	商其均	天津	1 166.8	300	28.00	8 000	750	8 000
2	王淑芹	河北	1 000	230	8.00	5 000	8 000	4 000
3	薛 强	辽宁	900	50	3.00	2 000	166	1 568
4	王在新	吉林	1 800	368	1.80	2 500	1 000	9 500
5	王建国	江苏	1 000	900	1.20	1 200	1 200	2 000
6	冯协寿	浙江	2 000	216	1.70	4 000	2 000	5 700
7	罗荣华	江西	1 343	231	11.10	1 800	1 230	2 038
8	曹正涛	山东	1 560	263	3.00	3 200	760	2 000
9	刘红伟	河南	836	86	4.20	2 800	160	2 300
10	李清阳	湖北	3 000	260	8.50	2 500	2 500	5 400
11	黄 龙	湖南	1 500	205	5.00	4 000	2 500	7 200
12	林干松	广东	660	31	1.60	1 113	972	1 223
13	覃生灵	广西	2 558	76	3.20	1 212	1 600	32 000
14	李 刚	重庆	600	231	1.10	3 300	1 000	1 057
15	罗 通	四川	1 100	109	3.20	9 500	510	1 420
16	秦 辉	贵州	650	65	9.00	20 000	200	350
17	张国忠	甘肃	1 000	66	5.30	1 200	500	3 600
18	万玛尖措	青海	370	103	3.00	1 600	120	1 220
19	汪立明	宁夏	2 400	65	13.00	3 100	6 500	13 000
20	于保峰	大连	1 800	153	11.00	3 300	500	5 500

2017 年全国 20 佳合作社理事长

罗通　四川
工作单位：崇州市耘丰农机专业合作社

张国忠　甘肃
工作单位：民勤县金穗农机专业合作社

薛强　辽宁
工作单位：海城市富强农机服务专业合作社

覃生灵　广西
工作单位：南宁市武鸣区起凤农机专业合作社

王建国　江苏

工作单位：东海县丰惠农机服务专业合作社

冯协寿　浙江

工作单位：瑞安市塘下粮食作业专业合作社联合社

曹正涛　山东

工作单位：山东省嘉祥县光明农机作业服务专业合作社

罗荣华　江西

工作单位：上高县荣尧农机专业合作社

于保峰　大连
工作单位：瓦房店仁峰农机服务
专业合作联合社

黄龙　湖南
工作单位：长沙县同展农机
专业合作社

汪立明　宁夏
工作单位：灵武市同德
机械化作业服务专业合
作社

万玛尖措　青海
工作单位：都兰玉鑫农机服务专
业合作社

唐启玉　云南
工作单位：牟定县隆兴农机专业合作社

邱雪峰　宁夏
工作单位：固原市原州区合顺利机械作业专业合作社

李相德　四川
工作单位：眉山市德心农机专业合作社

赵青　湖北
工作单位：南漳县半边天农机农民专业合作社联社

焦东　甘肃
工作单位：张掖市甘州区盛兴农机服务农民专业
合作社

陈小云　广东
工作单位：开平市永晖农机专业合作社联合社

刘青　江西
工作单位：泰和县嘉农惠农机专业合作社

郑永明　浙江
工作单位：浙江省三界永明农机专业合作社

庞志强　广东
工作单位：广东省遂溪县好帮手农业机械专业
合作社

朱振学　陕西
工作单位：西安市阎良区润泽农机作业服务专业
合作社

林启平　四川
工作单位：四川省绵阳市安州区永福农机专业
合作社

高洪玉　山东
工作单位：山东省嘉祥县仲山农机作业服务专业
合作社

欧阳斌　湖北
工作单位：湖北监利县尚正农机专业合作社

陈长剑　重庆
工作单位：重庆潼南区渝飞农机服务专业合作社

王佰岗　内蒙古
工作单位：内蒙古自治区扎赉特旗农旺农机专业合
作社联合社

丛百元　吉林
工作单位：吉林省榆树市天雨机械种植专业合作社

王永岗　山西
工作单位：山西省晋中市众鑫农机服务专业合作社

武启惠　广西
工作单位：广西武宣县博盛农机专业合作社

黄旭伟　云南
工作单位：云南勐海县纽荷兰农业机械专业合作社

夏斌　甘肃
工作单位：甘肃酒泉市华夏农机专业合作社

韩建军　黑龙江农垦
工作单位：黑龙江农垦松花江现代农机专业合作社

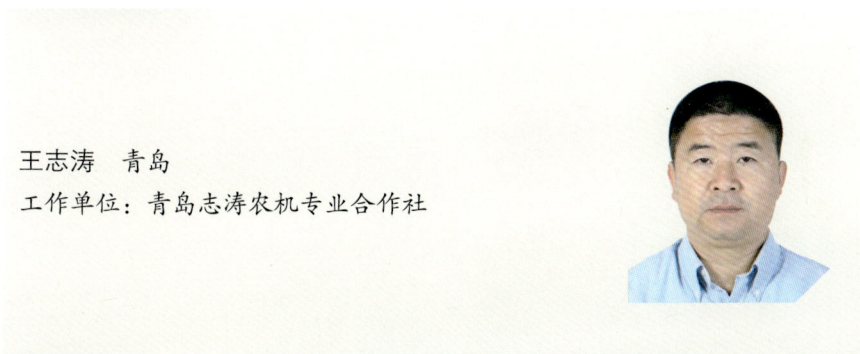

王志涛　青岛
工作单位：青岛志涛农机专业合作社

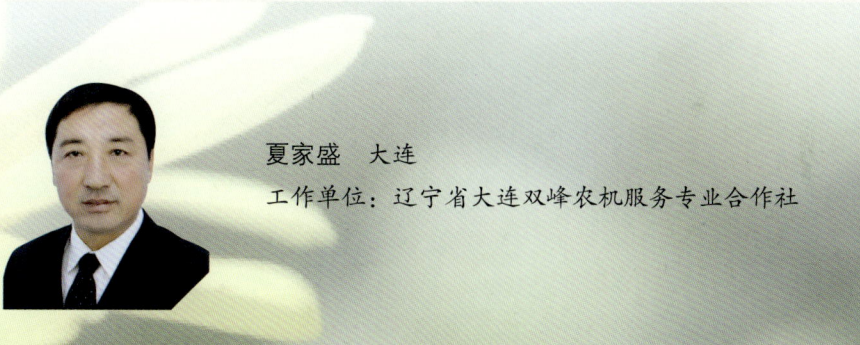

夏家盛　大连
工作单位：辽宁省大连双峰农机服务专业合作社

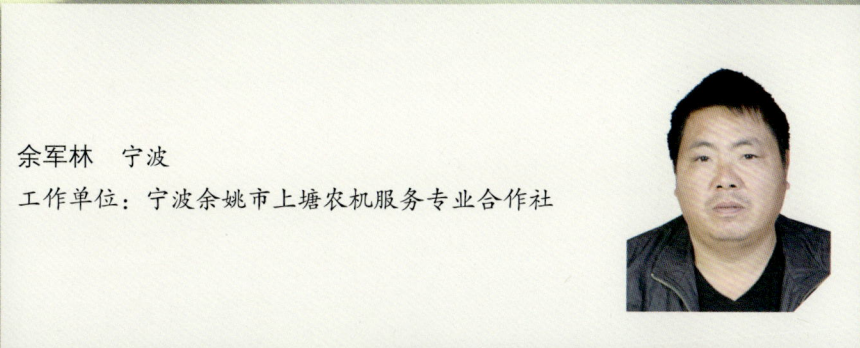

余军林　宁波
工作单位：宁波余姚市上塘农机服务专业合作社

陕鄂农机手劳动竞赛王牌机手

农机跨区作业始于1995年,经历了由小到大,由试点到大规模推广的历程,现如今已经发展成为我国农民每年必须进行的一项重要的农事活动,此活动极大地促进了我国农业机械化发展。曾有学者评论说:农机跨区作业是与农村家庭承包经营、乡镇企业异军突起齐名的中国农民的又一项伟大创造。

中国农业机械化协会和陕西省农业机械安全协会组织开展了农机手劳动大竞赛,赛程横跨春耕生产、"三夏""三秋"作业季节。参加劳动竞赛的机手累计2 240名,跨区作业范围遍及陕西、四川、重庆、河南、湖北、湖南、河北、山东、山西、安徽、江苏、甘肃、宁夏、青海、内蒙古15省(自治区、直辖市)100多个市近230多个县(区)。竞赛累计评选出"王牌机手"28名、"优秀机手"59名。经与主办单位协商,本篇收集整理了农机手大竞赛主办方代表以及28位"王牌机手"的简介,供读者了解。

王福利，1963 年生，陕西省西安市人，中共党员。1982 年 10 月至 1998 年 6 月在陕西省武警总队榆林支队服役，先后被评为优秀团员、优秀党员，荣获集体三等功、个人三等功各 1 次。1998 年转业至地方工作。曾在陕西省农业机械管理局农用油料服务中心、省农业机械技术推广站、新联集团西安收割机厂、陕西省农机监理总站工作。现任陕西省农业机械安全协会副理事长兼党支部书记。

近 10 年来，王福利同志一直从事农机互助保险服务工作。他积极发挥党员先锋模范作用，每年带队走村入户，宣传农机安全知识、农机互助保险政策，发展农机互助会员。连年带领农机互保跨区服务队，跨越 13 个省（自治区），行程 20 多万公里，全程跟踪为会员提供查勘定补、事故救援、纠纷调解、法律维权等服务，累计查勘救援事故 2 150 多起，处理伤亡事故 468 起，积累了丰富的农机事故查勘、救援经验。他经常与农机手们交朋友谈心，帮助他们解决遇到的困难，农机手们都说"农机互助保险的王师傅人好、服务好、定损最公正"。王福利通过言传身教，把农机事故查勘救援经验技巧传授给更多的工作人员，在创新形成农机互助保险服务保障特色中做出了突出贡献。他专业的服务能力，敬业的职业精神深受大家好评，曾被评为"陕西省十佳优秀查勘定损员"。

2018 年"王牌机手"

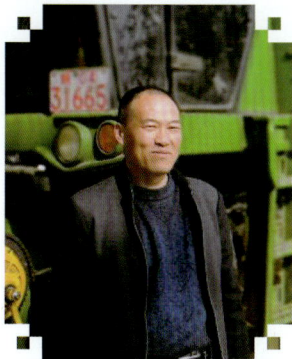

张辉，42 岁，陕西省咸阳市泾阳县三渠镇梁宋村农机手，从 1992 年初中毕业开始经营农机。2018 年夫妻二人跨区一路向东，在河南内乡，山东郓城，河北保定收割小麦。6 月中旬赶赴甘肃庆阳西峰，酒泉金塔、玉门，张掖山丹，青海海北、海东州等地收割小麦、油菜、青稞和燕麦。跨区 120 多天，作业面积达约 3 400 亩，毛收入 17 万。

任小民，32 岁，陕西省渭南市临渭区官底镇保王村农机手，初中毕业开始经营农机，历时 14 年。2018 年夫妻二人跨区作业先后到河南省内乡县、叶县，甘肃平凉、庆阳，宁夏固原等地作业。历时 130 余天，作业面积 6 000 多亩，发动机工作 864 小时，毛收入约 16 万。

田元峰，41 岁，陕西省渭南市临渭区辛市镇庞家村农机手，2000 年开始驾驶操作收割机，已有 18 年。2018 年购买 1 台新收割机，先后去河南南阳、平顶山、开封，河北衡水、保定，宁夏吴忠等 7 省（自治区）11 市收割小麦、谷子、荞麦、糜子、豆子。10 月 17 日，跨区 140 多天，作业面积 4 283 亩，发动机工作 830 小时，毛收入 16 万。

刘双录，47 岁，陕西省宝鸡市扶风县南阳镇鲁马村农机手，18 岁开始经营农机。2018 年新购 1 台收割机，夫妻二人，同行 2 台机子先后到河南省内乡县，陕西蓝田、岐山，甘肃庆阳、兰州、张掖、武威，青海省格尔木市等地跨区作业。历时 130 多天，作业面积 5 000 多亩，发动机工作 586 小时，毛收入 17.3 万。

郑小虎（左一），31岁，陕西省宝鸡市扶风县段家镇谷家寨村农机手，2002年跟随父亲经营收割机，已有16年了。2018年今年父子俩一人开1台收割机，去河南南阳、濮阳，河北保定、石家庄，甘肃平凉、武威、张掖，内蒙古巴彦淖尔等地跨区作业。跨区132天，作业面积4171亩，发动机工作686小时，毛收入16.5万元。

王运，44岁，陕西省咸阳市泾阳县三渠镇曹家村农机手，1998年入行干农机。自营收割机有10余年，拥有小麦、玉米收割机各1台。2018年到河南内乡、邓州，陕西礼泉、永寿、宜君，甘肃灵台、古浪等地收小麦，行程23800多公里，作业面积4130多亩，毛收入19万多元。玉米收割机在河南镇平、邓州，陕西泾阳、宜君等地作业面积4570多亩，毛收入30多万。

任宏兴，48岁，陕西省宝鸡市岐山县大营乡神务村农机手。经营农机25年，2018年去河南内乡、邓州、社旗，陕西千阳，甘肃泾川、金塔、玉门、民乐，青海大通等地跨区作业。发动机工作752小时，作业面积5000多亩，毛收入15万多元。

　　贾奔，38岁，陕西省渭南市临渭区官道镇贾家村人，1999年毕业跟随父亲跨区至今经营农机20余年。2018年自河南南阳开始跨区作业，经河南、湖北、陕西、山西，宁夏、内蒙古、甘肃、青海，山东、安徽、江苏等11省（自治区）23县，运转里程3万多公里，作业面积4 000余亩，收割机收割工作小时600多小时，毛收入25万多元。

　　张京涛，33岁，陕西省渭南市临渭区官底镇陌张村农机手，16岁开始经营收割机，总共换了8台收割机。2018年赴河南南阳、平顶山，山东聊城，河北石家庄，甘肃庆阳，宁夏吴忠等6省（自治区）10市17县跨区作业。发动机工作453小时，作业面积4 977亩，毛收入19万多元。

　　张虎，33岁，陕西省西安市临潼区何寨镇寇家村农机手。从2008年开始驾驶操作收割机。2018年到河南内乡、邓州、宛城区，陕西永寿，甘肃宁县、西峰、华池、山丹，宁夏中卫、固原、吴忠，青海大通县等地收割。跨区历时5个多月，发动机工作887小时，作业面积5 117亩，毛收入近20万。

2019 年"王牌机手"

李军顺，36 岁，陕西省咸阳市泾阳县人，经营小麦、玉米联合收割机各 1 台。跨区作业湖北、河南、陕西、甘肃、宁夏 5 省（自治区）7 市 13 县（区），作业面积 8 993 亩，收入 24 万元。

王运，45 岁，陕西省咸阳市泾阳县人，经营小麦、玉米联合收割机各 1 台。跨区作业河南、陕西、甘肃、宁夏 4 省（自治区）10 市 14 县（区），作业面积 7 884 亩，毛收入 37 万元。

席旋，32 岁，陕西省西安市高陵区人，经营小麦、玉米收割机各 1 台。跨区作业河南、河北、宁夏、陕西 4 省（自治区）8 市 12 县（区），作业面积 5 753 亩，收入 10 万元。

李永战，36 岁，陕西省西安市阎良区人，经营小麦收割机 1 台。跨区作业河南、陕西、甘肃、宁夏 4 省（自治区）6 市 7 县（区），作业面积 7 280 亩，收入 12 万元。

田元峰，42岁，陕西省渭南市临渭区人，经营小麦收割机1台。跨区作业河南、河北、甘肃、宁夏、内蒙古5省（自治区）13市17县（区），作业面积5 459亩，收入9万元。

郑小虎，32岁，陕西省宝鸡市扶风县人，经营小麦收割机1台。跨区作业河南、河北、甘肃、陕西、宁夏、青海6省（自治区）13市15县（区），作业面积5 814亩，收入15万元。

张辉，43岁，陕西省咸阳市泾阳县人，经营小麦收割机1台。跨区作业河南、山东、河北、陕西、甘肃、青海6省12市18县（区），作业面积5 141亩，收入12万元。

任小民，33岁，陕西省渭南市临渭区人，经营小麦收割机1台。跨区作业河南、陕西、甘肃、宁夏4省（自治区）9市12县（区），作业面积6 802亩，收入17万元。

谷红江，39 岁，陕西省宝鸡市扶风县人，经营小麦收割机 1 台。跨区作业河南、河北、甘肃 3 省 8 市 11 县（区），作业面积 5 426 亩，收入 13 万元。

李永福，44 岁，陕西省宝鸡市扶风县人，经营小麦收割机 1 台。跨区作业陕西、甘肃、宁夏、青海 4 省（自治区）9 市 15 县（区），作业面积 6 058 亩，收入 11 万元。

杜亚军，35 岁，陕西省咸阳市泾阳县人，经营小麦、玉米联合收割机各 1 台。跨区作业河南、陕西、甘肃、宁夏、内蒙古、四川 6 省（自治区）10 市 19 县（区），作业面积 5 655 亩，毛收入 20 万元。

任宏兴，49 岁，陕西省宝鸡市岐山县人，经营小麦收割机 1 台。跨区作业陕西、甘肃 2 省 4 市 6 县（区），作业面积 5 000 亩，收入 11 万元。

齐新奇，52 岁，陕西省宝鸡市扶风县人，经营小麦收割机 1 台。跨区作业四川、湖北、河南、陕西、甘肃、新疆 6 省（自治区）9 市 13 县（区），作业面积 5 723 亩，毛收入 26 万元。

郑应强，40 岁，陕西省宝鸡市扶风县人，经营小麦收割机 1 台。跨区作业河南、河北、甘肃、陕西、宁夏 5 省（自治区）11 市 13 县（区），作业面积 5 091 亩，收入 11 万元。

郑瑞平，35 岁，陕西省宝鸡市扶风县人，经营小麦收割机 1 台。跨区作业河南、陕西、甘肃、宁夏、青海 5 省（自治区）12 市 22 县（区），作业面积 6 143 亩，收入 12 万元。

张虎，34 岁，陕西省西安市临潼区人，经营小麦收割机 1 台。跨区作业河南、陕西、甘肃、青海 4 省 6 市 10 县（区），作业面积 4 024 亩，收入 16 万元。

刘双德，43岁，陕西省渭南市临渭区人，经营小麦收割机1台。跨区作业河南、山东、河北、甘肃、青海5省8市17县（区），作业面积5379亩，收入15万元。

李万平，30岁，陕西省渭南市临渭区人，经营小麦收割机1台。跨区作业河南、陕西、甘肃3省6市8县（区），作业面积4976亩，收入13万元。

附 录
FULU

2019 中国农业机械化发展
白皮书

目　录

前 言

2019 年，各地认真贯彻落实《国务院关于加快推进农业机械化和农机装备产业转型升级的指导意见》（国发〔2018〕42 号）文件精神，各项政策举措加快落实落地，农机化发展稳中求进、进中向好，呈现出加快转型升级的良好态势。

编撰年度白皮书，是中国农机化协会服务会员和行业的新途径。从 2016 年开始每年春季发布《白皮书》，至今已经发布三个，受到各方面的关注和鼓励，并逐渐形成独特品牌。《2019 中国农业机械化发展白皮书》受新冠肺炎疫情影响，资料收集和研究筛选，编撰工作略有延迟，但内容较前更为丰富，视角更加开阔。

全面记述 2019 年农机化发展历程的《白皮书》分为综述、新思路　新举措　新进展、展望和后记四部分，全文 5 万字。全面梳理 2019 年农机化多领域资料，从纪实、客观、求新的角度，真实准确记录全年行业瞩目农机事件和发展动态，分析未来发展趋势。在关注传统内容的同时，更多关注了贯彻落实国发 42 号文件、中华人民共和国成立 70 年农机化发展、新农机鉴定办法、优势特色农产品机械化、畜牧机械化、甘蔗机械化、农村环境治理等新内容。

发展综述

一、发展背景

2019 年，中美贸易冲突全面加剧、世界经济同步回落、国内结构性因素持续发酵、周期性下行力量有所加大等多重因素的作用下，中国宏观经济告别了 2016—2018 年"稳中趋缓"的平台期，经济增速回落幅度加大，经济结构分化明显。面对国内外风险挑战明显上升的复杂局面，在以习近平同志为核心的党中央坚强领导下，全党全国贯彻党中央决策部署，扎实做好"六稳"工作，坚持稳中求进工作总基调，坚持以供给侧结构性改革委主线，推动高质量发展，三大攻坚战取得关键进展，精准脱贫成效显著，金融风险有效防控，生态环境质量总体改善，改革开放迈出重要步伐，供给侧结构性改革继续深化，科技创新取得新突破，"十三五"规划主要指标进度符合预期，全面建成小康社会取得新的重大进展。

据国家统计局数据，2019 年前三季度，国民经济运行总体平稳，GDP仍然保持了 6.2% 的中高速增长。前三季度国内生产总值 697 798 亿元，按可比价格计算，同比增长 6.2%。分产业看，第一产业增加值 43 005 亿元，增长 2.9%；第二产业增加值 277 869 亿元，增长 5.6%；第三产业增加值 376 925 元，增长 7.0%。前三季度，全国居民收入增长平稳，全国居民人均可支配收入 22882 元，比上年同期名义增长 8.8%；扣除价格因素，实际增长 6.1%。城乡居民收入差距继续缩小。前三季度，农村居民人均可支配收入增速快于城镇居民 1.3 个百分点。

国家统计局11月27日发布的工业企业财务数据显示,2019年1—10月份,全国规模以上工业企业利润总额同比下降2.9%。高技术制造业、战略性新兴产业和装备制造业利润增长加快,私营企业和小型企业利润保持稳定增长。

2019年,中央财政安排专项扶贫资金1261亿元,比上年增长18.9%。据全国农村贫困监测调查,2019年前三季度贫困地区农村居民人均可支配收入8163元,比上年同期增加794元,增长10.8%,扣除价格因素影响,实际增长8.0%。前三季度,贫困地区农村居民人均可支配收入实际增速比全国农村居民快1.6个百分点,比全国居民快1.9个百分点。

2019年,全国粮食播种面积11606.4万公顷,比2018年减少97.5万公顷,下降0.8%。其中谷物播种面积9784.7万公顷,比2018年减少182.4万公顷,下降1.8%。全国粮食单位面积产量5720公斤/公顷,比2018年增加98.4公斤/公顷,增长1.8%。全国粮食总产量6638.5亿公斤,比2018年增加2559.5亿公斤,连续5年站稳0.65万亿公斤台阶,棉油糖、果菜茶等生产保持稳定,农业农村经济稳中向好。

2019年,各地坚持农业农村优先发展,推动"藏粮于地、藏粮于技"落实落地,深入推进农业供给侧结构性改革,在保障粮食生产能力不降低的同时,稳步推进耕地轮作休耕试点工作,因地制宜发展经济作物,全国粮、经、饲种植结构进一步优化。谷物和薯类播种面积减少。2019年,全国谷物播种面积14.68亿亩,较上年减少2736万亩,下降1.8%。其中,稻谷4.45亿亩,比上年减少744万亩,下降1.6%。小麦3.56亿亩,比上年减少809万亩,下降2.2%。玉米6.19亿亩,比上年减少1269万亩,下降2.0%。2019年全国薯类播种面积1.07亿亩,比上年减少58万亩,下降0.5%。豆类播种面积增加,其中大豆大幅增加。2019年,全国豆类播种面积1.66亿亩,比上年增加1332万亩,增长8.7%。

2019年11月21日,国务院办公厅印发《关于切实加强高标准农田建设提升国家粮食安全保障能力的意见》,提出到2022年,全国要建成10亿亩高标准农田,以此稳定保障5000亿公斤以上的粮食产能;到2035年,通过持续改造提升，全国高标准农田保有量进一步提高。同时，又重视明确质量目标，对土壤质量、环境标准提出了整体要求。11月28日，农业农村部下达2020年农田建设任务。任务要求确保2020年新增高标准农田8 000万亩以上；同步发展高效节水灌溉面积2 000万亩。同时提出高标准农田建设"两优先"：优先在"两区"和产粮大县开展高标准农田建设。优先支持革命老区、国家级贫困县，特别是"三区三州"等深度贫困地区建设高标准农田。

习近平总书记在十九大报告中提出，保持土地承包关系稳定并长久不变，第二轮土地承包到期后再延长三十年。党的十九届四中全会后，11月26日，国务院发布《关于保持土地承包关系稳定并长久不变的意见》，要求准确把握"长久不变"政策内涵。一是保持土地集体所有、家庭承包经营的基本制度长久不变；二是保持农户依法承包集体土地的基本权利长久不变；三是保持农户承包地稳定。意见提出，稳妥推进"长久不变"实施。一是稳定土地承包关系。二是第二轮土地承包到期后再延长三十年。三是继续提倡"增人不增地、减人不减地"四是建立健全土地承包权依法自愿有偿转让机制。第二轮土地承包到期后再延长三十年制度的出台，使农民有了稳定的预期，既满足了农民稳定承包权的需要，又满足了流转经营权的需要，有利于形成多种形式适度规模经营，从而发展现代农业。

2019年，在上一年的基础上，农业社会化服务体系建设进一步加快推进。8月，中央农办、农业农村部、发展改革委等11部门联合印发《实施家庭农场培育计划的指导意见》，9月，中央农办、农业农村部、发展改革委等11部门又联合印发《关于开展农民合作社规范提升行动的若干意见》，党中央、国务院一系列政策的出台，对农业社会化服务工作作出了明确部署。这些重要部署促进了新型农业经营主体和新型农业服务主体的大批涌现，促进了小农户和现代农业发展的有机衔接，推动了农业社会化服务的快速发展。

二、农业机械化行业发展

据农机工业协会数据显示，2019 年 1—11 月份农机工业业务收入 2 191.51 亿元，比上年同期增长 0.06%，增速创历年来新低。2019 年，多数农机产品产量有所下降，但大中拖市场呈现复苏迹象。东边不亮西边亮。2019 年，畜牧机械保持 15.18% 较好增长。新疆棉花生产机具市场继续火爆。新疆采棉机的高增长，带动了整个行业的增长，整地机械、播种机，无人喷药机、残膜回收机等都出现了非常大的增长。半喂入水稻收获机在中国市场培育多年后出现了较大的增长。半喂入水稻收获机节能高效、秸秆回收离田便捷，随着产品技术成熟和可靠性的提高，2019 年销售 4.3 亿元，增长 87%。与国内市场的低迷形成对比的是，我国农机行业的出口市场却表现出色。与去年相比，到九月份，我国出口增速达到了 15.87%。

2019 年，主要农作物全程机械化发展保持了平稳的势头，主要农作物综合机械化率超过 70%，小麦、水稻、玉米三大粮食作物耕种收综合机械化率均已超过 80%，基本实现机械化。玉米耕种收综合机械化率增速与往年持平；马铃薯、棉花、油菜、花生、大豆的耕种收综合机械化率的增速较快，甘蔗生产耕种收综合机械化率稳步提升。

2019 年，是我国农业机械化和农机工业向全程全面高质高效迈进的重要一年，《国务院关于加快推进农业机械化和农机装备产业转型升级的指导意见》（国发〔2018〕42 号）正在得到有效落实。3 月 16 日，国务院召开全国春季农业生产暨农业机械化转型升级工作会议，李克强总理做出重要批示，强调抓好春季田管和春耕备耕，加快农机装备产业转型升级，确保粮食生产稳定发展和重要农产品有效供给，胡春华副总理出席会议并讲话。10 月 30 日，农业农村部在山东省青岛市举办推进农业机械化转型升级成果（2019）发布活动，向社会发布了主要农作物全程机械化生产模式、主要农作物品种选育宜机化指引、优势特色农产品生产机械化技术装备需求目录、"全程机械化综合农事"服务中心典型案例、丘陵山区农田宜机化改造工作指引和全国农机化科技信息交流平台等 6 项成果，对推动各地农业机械化向全程全面高质高效升级发展提供有力指导。

2019 年，农机购置补贴创新力度进一步加大，支持江西等 6 省开展标准化骨架大棚补贴试点，在 26 个省份部署开展 39 种农机创新产品补贴试点，在 20 个省份开展植保无人飞机规范应用试点，农业各产业对新型农机装备的需求得到充分满足。完善农机购置补贴资金管理使用方式，在北京等 4 省市开展购置补贴、贷款贴息、融资租赁承租补助、作业补贴相衔接的试点，农民购机筹资能力进一步增强，补贴机具利用率持续提升。组织实施农机深松整地作业补助，完成 1.4 亿亩全年任务。启动实施北斗应用示范重大项目，机械化信息化融合迈出坚实步伐。新创建 153 个全程机械化示范县，总数超过 450 个。遴选形成 27 个全程机械化生产模式，70 个"全程机械化＋综合农事服务中心"典型案例，以及 9 个主要农作物品种选育宜机化指引。

2019 年，农业农村部将适应机械化作业作为耕作制度变革、农田基本建设等工作的重要目标，支持丘陵山区开展农田"宜机化"改造，扩展大中型农机运用空间，持续改善农机作业基础条件，丘陵山区机械化发展持续向好。围绕加快推进丘陵山区机械化问题，组织大规模农机化发展专题调研，全面汇集整理 13 个典型丘陵山区省份的情况问题，组成多个调研组分赴重庆、云南、贵州等 7 省（区市）实地调研，找准问题症结，形成初步对策办法；印发《丘陵山区农田宜机化改造工作指引（试行）》，明确丘陵山区农田宜机化改造工作目标、地块选取原则、重点改造内容、整治标准、改造流程以及组织实施等要求；将土地平整、机耕道建设等作为农田建设补助资金重要建设内容；研究制定丘陵山区优势特色农产品生产机械化技术及装备需求目录，引导企业和科研院所积极研发推广适用于丘陵山区的农机装备和技术；大力发展农机社会化服务，促进丘陵山区农业生产方式向集约化、规模化转变；进一步提升农机购置补贴等重大政策在丘陵山区实施的力度和效果，积极探索创设农机作业补贴、农机化技术推广等扶持政策，农业物质技术装备水平和农业机械化水平得到了大幅提高，有力支撑了丘陵山区现代农业建设、产业扶贫和农民增收致富。预计 2019 年丘陵山区农作物耕种收综合机械化率将超过 48%，比上年提高 1 个百分点以上。

截至 2019 年 12 月，全国有 22 个省（自治区、直辖市）相继出台贯彻落实国务院 42 号文件，加快推进农业机械化和农机装备产业转型升级实施意见，7 个省（自治区、直辖市）实施意见已进入发文阶段。国家对农机化和农机工业的重视，促使各界对农机化关注和支持力度加大，在政策影响下，企业和用户活跃度上升，2019 年农机化和农机工业总体形势向好。

2019 年，东北黑土地保护性耕作将提升到国家战略层面。2019 年上半年，农业农村部在全国特别是东北四省区开展保护性耕作的调研，分区域组织召开专家、科技与推广人员、应用农户等座谈会。2019 年 7 月、8 月，胡春华副总理先后两次到吉林、辽宁省专门调研考察保护性耕作技术，在 2017 年制定的《东北黑土地保护规划纲要（2017—2030 年）》的基础上，出台了《东北黑土地保护性耕作国家行动计划（2020—2525）》。黑土地保护性耕作技术上升到国家战略，无疑为近年进入低谷的农机装备产业注入新的能量，有人预期，保护性耕作机具的研发制造将进入高速发展期。

自 2018 年 4 月份以来，受非洲猪瘟疫情冲击，我国生猪产能持续下滑，猪肉供应相对偏紧，价格上涨较快，党中央、国务院高度重视生猪生产和猪肉供应的保障。2019 年，国务院对稳定生猪生产、保障猪肉供应作出全面部署，明确要求优化农机购置补贴机具种类范围，支持生猪养殖场（户）购置自动饲喂、环境控制、疫病防控、废弃物处理等农机装备。9 月 5 日，农业农村部发布《关于加大农机购置补贴力度支持生猪生产发展的通知》（农办机〔2019〕11 号），通知要求，要优化补贴范围，实行应补尽补。将全国农机购置补贴机具种类范围内的所有适用于生猪生产的机具品目原则上全部纳入本省补贴范围，"缺什么、补什么""急事急办""应补尽补"。对生猪养殖场（户）申领补贴优先办理、优化服务。加大政策宣传和技术培训力度，引导农机企业积极参与政策实施，支持推动广大养殖场（户）购机用机。通知明确，要加快试验鉴定，增加机具供给。指导所属农机鉴定机构敞开受理能力范围内的鉴定申请，对省内外农机企业一视同仁，加快试验鉴定，及时公布结果。积极支持农机鉴定机构改善检验检测条件，提升试验鉴定能力。农业农村部农机鉴定总站、农机推广总站将加强对各地相关工作的协调指导。通知提出，要深入摸底调查，全面梳理需求。开展生猪生产农机装备购置补贴需求专项调查，问需于民，广泛听取基层意见与建议，为进一步加大农机购置补贴力度、支持生猪生产发展提供第一手材料。

2019 年，是毛泽东主席发表"农业的根本出路在于机械化"著名论断 60 周年，是中华人民共和国成立 70 周年。4 月，中国农机化协会联合中国农业机械学会在江苏举办了纪念毛泽东主席"农业的根本出路在于机械化"著名论断发表 60 周年报告会；9 月，中国农业机械化协会在北京举办了"庆祝新中国成立 70 周年农业机械化发展成就座谈会"，张宝文副委员长对协会举办的系列活动表示肯定与支持。

2019 年，中国农机化协会按照"市场导向、服务当家"的发展理念，把握行业发展趋势，组织成立了"农机安全互助保险工作委员会"，复制推广陕西、湖北两省农机安全互助保险先进经验做法，成立了"保护性耕作专业委员会"，为农机行业提供保护性耕作的共享平台。

2019 年，中国农机化协会将精准扶贫与乡村振兴相结合，充分利用自身优势，整合行业资源，发布了《中国农机化协会公益募捐倡议书》，针对农业产业定点贫困县发起定向公益募捐倡议书。3 月，协会面向行业发布了"情系'三区三州'，爱心农机助力脱贫攻坚"公益募捐倡议书，15 家企业奉献爱心，为昭觉、红原、理塘三县共捐赠了 83 台（套）价值近 150 万元的机具；协会在自有资金有限的情况下，出资购买了 50 台电动牛奶分离机赠送给当地贫困家庭。为了解决四川省红原县山坡饲草地进行草籽补播只能由人工进行作业的困难，协会组织为当地培训了 4 名农用无人机驾驶操作机手，正式进行了无人机草籽播撒技术的试验演示。解决了高海拔地区山坡饲草地草籽补播的一大难题。10 月 17 日，民政部社会组织管理局授予中国农机化协会突出贡献表彰证书。

2019 年 6 月，中国农业机械化协会先后参加了在"第一届中国·非洲经贸博览会"期间举办的"推进中非农业领域投资与公司合作研讨会"和"推进中非农业机械领域对接会"，组织雷沃重工、德邦大为、沃得、五征、久富、洪珠、富来威、农哈哈、天人等国内企业代表与来自非洲 12 国的农业官员面对面交流洽谈。11 月，2019 中国甘蔗机械化博览会在广西南宁举办，同期举办 2019 中国－东盟农业机械展。博览会以"搭建交流合作平台，推进农业生产机械化"为主题，180 多家国内外农机及零部件生产、销售企业参展，面积超过 3.4 万平方米，为历年最高，包括农机用户、服务公司等 2.5 万人次参观。

2019 年，中国农机化协会先农智库最新成果——《40 年，我们这样走过：纪念农机化改革开放 40 周年征文优秀作品集》《农业机械化研究文选2018》正式出版发行。《40 年，我们这样走过：纪念农机化改革开放 40 周年征文优秀作品集》收录了 170 多位作者的 220 余篇文章，600 多幅各类图表，总计 100 余万字。《农业机械化研究文选 2018》精选文章 80 余篇，共 5 万字，设置综述、农机化重大问题研究、转型升级、全程全面发展、补短板 强弱项 促协调、丘陵山区机械化、农事服务、国三升国四、农机市场分析、走出去、农机人物、扶贫攻坚十二个专题，对 2018 年全国农机化各项工作全方位解析与剖析。

12 月 19 日，中央经济工作会议提出，我国经济运行必须坚持以供给侧结构性改革为主线不动摇，在"巩固、增强、提升、畅通"八个字上下功夫。要巩固"三去一降一补"成果，推动更多产能过剩行业加快出清，降低全社会各类营商成本，加大基础设施等领域补短板力度。要增强微观主体活力，发挥企业和企业家主观能动性，建立公平开放透明的市场规则和法治化营商环境，促进正向激励和优胜劣汰，发展更多优质企业。要提升产业链水平，注重利用技术创新和规模效应形成新的竞争优势，培育和发展新的产业集群。12 月 22 日，在中央农村工作会议上，中央农办主任、农业农村部部长韩长赋强调，农业农村系统要切实把思想和行动统一到总书记重要讲话精神上来，贯彻落实中央决策部署，坚持"稳"字当头、稳中求进，稳住农业农村发展好势头，突出"保供给、保增收、保小康"，扎实做好明年农业农村工作，确保完成各项目标任务，为打赢脱贫攻坚战、全面建成小康社会做出新贡献。在 2019 年全国农机化形势分析会上，农业机械化管理司张兴旺司长对 2020 年的工作提出了五个"稳步"：一要坚持以贯彻 42 号文件为工作主线，稳步发展农机化全程全面转型升级的新格局；二要坚持以制度建设为保障，稳步实施农机购置补贴政策；三要坚持以放管服为动力，稳步提高整个农机化团队和行业的发展能力；四要坚持以新发展理念为指导，稳步提升全行业的发展水平；五要坚持以服务农业农村中心工作为方向，稳步启动东北黑土地保护性耕作行动计划。纵观 2019 年的农业机械化发展，虽然受多种因素影响，行业仍然面临很大压力，农机工业还未走出"寒冬"，但党和国家对农机化行业的持续关注与重视，为行业不断注入新的能量，挑战与机遇并存。随着国家一系列政策方针的出台，预计 2020 年，农机化行业发展将持续向好，农业机械化行业发展空间将逐步扩大。

新思路　新举措　新进展

1. 全国贯彻落实国发 42 号文

2018 年 12 月 29 日，国务院印发《关于加快推进农业机械化和农机装备产业转型升级的指导意见》（国发〔2018〕42 号）（以下简称《意见》），明确了指导思想、发展目标和重点任务，是农业机械化和农机装备产业发展的纲领性文件。为贯彻落实《意见》，2019 年 4 月以国务院名义在湖北襄阳召开了专题会议进行了部署。农业农村部农机化司组织开展"农机化与乡村振兴"大学习活动，策划"学习贯彻国务院 42 号文件大家谈"系列报道，邀请行业各领域专家对《意见》相关内容进行权威解读。刘宪会长解读文章中汇报了中国农机化协会学习心得和 2019 年贯彻《意见》思路措施。福建、重庆、湖北、云南、陕西、山西、宁夏、四川、吉林、河北、内蒙古、甘肃等地结合本地实际，因地制宜，先后出台了具体实施意见。

2019 年各地贯彻《意见》工作成效明显：湖北提出将实施农机装备产业升级工程、农机作业水平提升工程、农机农艺融合发展工程、绿色农机推进工程、农机精准作业示范工程、新型农机服务主体培育工程、农机作业条件建设工程和农机抗灾救灾能力提升工程等"八大工程"，推动农业机械化实现高质量发展。山东省紧紧围绕打造乡村振兴齐鲁样板，牢牢把握"走在前列、全面开创"目标定位，贯彻新发展理念，落实高质量发展要求，以实施国发 42 号文件和省政府实施意见为主线，锚定率先建成"两全两高"农机化示范省，奋力打造全程全面机械化升级版。云南成立全省高原农机创新研发联盟，大力发展适应丘陵山区作业的中小型农机，协调发展特色作物生产、特产养殖需要的高效专用农机。针对全省特色经济作物，建立农机农艺融合的机械化农业生产技术规范，打造高原特色农产品优势区机械化生产样板。陕西在实施意见中明确提出支持农机互助保险发展，强化"3+X"农业特色产业机械装备支撑，提升果业生产机械化水平；提升畜牧业生产机械化、智能化和清洁化水平；提升设施农业机械化和自动化水平；提高特色产业机械化水平。江苏聚焦农机化和农机装备产业转型升级，强化供给侧改革，明确以现代农机装备产业集群创新行动、农机装备关键技术协同攻关行动、主要农作物生产全程机械化整体推进行动、特色产业农机化技术示范推广行动、新型农机服务组织共育共建行动、农业"宜机化"作业条件提档升级行动、农机人才培养培育行动八项行动作为主抓手，全面推进农机装备产业和农业机械化高质量发展。福建在财政支持、农机购置补贴和税收金融保险优惠上给予政策扶持，其中包括扩大购机补贴品目，对进口农机产品按同等条件享受补贴等。针对特殊的丘陵山地具体情形，甘肃以服务脱贫攻坚和乡村振兴战略、满足农民对机械化生产需要为目标，聚焦聚力特色产业机具研发和示范推广，推动全省特色产业提质增效。重庆积极推进农田宜机化改造。2019年宜机化改造面积40多万亩，100%的地块机器能穿梭自如，助推了当地水稻、油菜、马铃薯等主要作物及柑橘、榨菜、花椒等特色经济作物的全面全程机械化。

2. 农机购置补贴政策操作更加科学、务实和灵活

2019年，中央财政投入农机购置补贴资金180亿元，使用资金171亿元，使用进度94.68%，扶持143万农户购置机具192万台（套），是近5年来实施进度最快，效果更加凸显的一年。对于少数人认为农机购置补贴政策实施存在部分机具饱和、行业撬动乏力、违规行为增多等问题，已经进入了政策实施的"后补贴"时代。中国农机化协会认为，农机化的服务对象不仅仅是种植业，还应包括农、林、牧、副、渔的各个方面。从这个角度看，农机化服务的领域就宽了，补贴资金支持范围也就大了，补贴还有很大的发展空间。2019年，各地加大补贴政策创设力度，开展了补贴范围拓展、资质多元采信、信息化监管、鉴定能力建设、严惩违规行为等一系列措施，缓解了"补不了""补

不好""补得难""补得繁"等诸多问题,不遗余力地提高政策的执行力。在行业遭遇寒流冲击的背景下,农机购置补贴的一系列创新举措,促进了政策的柔性实施,给行业带来了阵阵暖流。

补贴品目范围进一步扩大,资金支持方向由粮棉油糖等大宗作物向畜牧水产养殖、设施农业、农产品初加工等领域倾斜,"补不了"的问题得到缓解,养殖户、渔民、果农等感受到了政策的温暖。农民是生产的主体,农民满不满意、需不需要是补贴实施的出发点。在补贴资金充足的条件下,如农业运输机械、新能源农机、设施大棚等农民需要、生产亟须的农业机械都应给予资金扶持。在此基础上,要加强信息化监管等手段,提高补贴机具管理能力,避免机具非农使用和非正常转让等问题。全年新增或细分了有机废弃物好氧发酵翻堆机、有机废弃物干式厌氧发酵装置、畜禽粪便发酵处理机、有机肥加工设备、埋茬起浆机、精量播种机、整地施肥播种机、风筛清选机等多个品目,将饲料(草)生产加工机械设备、饲养机械、畜产品采集加工、畜禽粪污资源化等4个种类的机械装备列为重点内容;各省补贴范围进一步扩大,江西等6省将标准化骨架大棚纳入试点品目范围,26个省份开展了39种农机创新产品补贴试点,20个省份开展植保无人飞机规范应用试点,农民对各种新型农机装备需求得到满足。

补贴操作进一步规范,抵抗风险能力得到加强,对违规失信主体严惩力度加大,"补不好"的问题得到缓解,诚信企业感受到了政策的温暖。农机购置补贴资金作为中央专项资金,属中央拿钱委托地方管理部门实施,这种层层委托、分散执行的操作方式,让政策滋生出一些短板和痛点,也产生了一些违规行为。治乱需用重典。为了提高中央专项资金的执行效果,农业农村部办公厅、财政部办公厅联合印发了《关于进一步加强农机购置补贴政策监管强化纪律约束的通知》,加强县级农机购置补贴领导小组建设,出台严厉打击采用提供不实投档信息、虚购报补、一机多补、重复报补、以小抵大等违规手段骗套补贴行为,强化农机生产企业规范参与补贴政策实施承诺制,风险堤坝得到筑牢;农业农村部农机化司组织开展了"大马拉小车"问题农机产品专项整治工作，发布《"大马拉小车"问题农机产品消费警示》，试点将最小使用质量等列为分档参数，有针对性地防范"大马拉小车"问题产品参与投档；农业农村部办公厅出台了《农机购置补贴机具投档工作规范》，明确了"生产企业自主投档承诺书"的主要内容，规范了要求在全国全面使用补贴机具信息化自主投档平台，鼓励一年2次以上或常年受理投档；出台了《农机购置补贴机具核验工作要点》，规范核验行为，明确核验内容、程序和要求，推行购机承诺践诺，明确购机者凭《拖拉机和联合收割机行驶证》申请补贴免予现场实物核验，推动补贴机具由人工核验向信息化核验转变；组织第三方对机具进行抽查核验，支持各级管理部门开展补贴机具第三方独立抽查核验，探索外部监督。

补贴采信更加多元化，鉴定体系得到完善，技术供给能力不断增强，"补得难"的问题得到缓解，创新企业感受到了政策温暖。农业农村部办公厅发布了《关于进一步规范农机试验鉴定产品品目归属工作的通知》，研究制定了新的《农业机械分类行业标准对照表》，将2015版行业标准与2008版行业标准进行了对照，确定了补贴产品的品目归属，从"一致""包含""被包含"3方面对两个标准所有品目间的横向对应关系进行了明确，保证标准内的产品能按规定得到财政补贴；通过了《农业农村部关于印发〈农业机械试验鉴定工作规范〉的通知》《农业农村部办公厅关于加快推进畜禽粪污资源化利用机具试验鉴定有关工作的通知》《农业农村部农业机械试验鉴定总站关于发布〈全国农业机械试验鉴定管理服务信息化平台信息管理办法〉的通知》《国家支持的农业机械推广鉴定任务计划管理办法》等系列文件，各省鉴定机构加快开展专项鉴定大纲制定工作，畅通了农机创新产品鉴定渠道，鉴定改革措施得到落实，鉴定体系和鉴定能力得到进一步完善，补贴机具有效供给更加充足；农机强制性产品认证和农机自愿性产品认证结果纳入农机购置补贴采信范围，开发了认证结果信息公开系统，实现与补贴投档平台互通互联，为购机补贴投档工作提供技术数据支撑，补贴采信的渠道更加多元化。

补贴信息化管理水平得到提高，实施更加公开透明，操作更加便捷，"补得繁"的问题得到改善，收益主体感受到了政策温暖。农户姓名、住址、机具名称、生产企业、机型、经销商、补贴金额、销售价格等信息均能在"农机购置补贴信息公开专栏"网站查询，补贴操作做到了在阳光下运行。所有省份均建立了补贴资金使用定期调度机制，及时掌握市县资金使用进度。云南、宁夏等省（自治区）的财政、农机部门密切配合，在全省范围内开展了资金余缺动态调剂，有效防止大量结转的产生；北京、江西等省（市）率先利用二维码和物联网技术强化机具溯源精准监管，积极探索"放管服"大背景下的补贴机具信息化监管新模式；推动县级补贴信息公开专栏建设率超过90%，公布各级补贴咨询电话超1万个，暂停或取消了400多家农机企业的产品，将相关企业和个人列入补贴产品经营黑名单；启动实施北斗应用示范重大项目，机械化信息化融合迈出坚实步伐。2019年中国农机化协会围绕补贴政策实施开展深入农村合作社开展调查研究，为政府部门落实政策建言献策。

3. 农机科研新进展、新突破

农机科研项目稳步实施。2019年，国家重点研发计划项目承担单位按照科技部农村中心要求，重点围绕项目执行情况，解决的科学或产业问题，为后续工作打下的基础以及产业贡献等方面，进行充分梳理和凝练，为项目考评验收做好准备。各地也在不断加大对农机化科研项目支持力度。山东省连续5年实施"农机装备研发创新计划"，年均支持力度6 000多万，山东省用于补贴先进高效装备的资金，每年都在10个亿以上。农机化和科研管理部门积极谋划"十四五"重大项目。农业农村部计划启动"薄弱环节农机化科技创新专项"；2020年，中国农业科学院设立院级重大科研计划"农机装备与智慧农业科研计划"，农业农村部南京农业机械化研究所作为重大科研计划的实施主体，拟设立5项所级重点任务，由中国农科院创新工程经费资助。

农业装备与技术取得丰硕成果。2019年，农机化科技成果获得多项奖励。荣获"2018—2019年度神农中华农业科技奖"共7项，其中，北京农业智能装备技术研究中心赵春江院士牵头完成的"基于北斗的农机自动导航与作业精准测控关键技术及应用"、青岛农业大学尚书旗教授牵头完成的"作物品种小区试验与繁育机械化关键技术及装备"和西北农林科技大学吴普特教授牵头的"多能源互补驱动低能耗喷灌机系列产品研发与应用"获得一等奖；荣获"全国农牧渔业丰收奖"共15项，其中，农业农村部南京农业机械化研究所肖宏儒牵头完成的"茶园生产机械化作业技术集成应用"、薛新宇研究员牵头的"植保无人飞机减施增效关键技术集成与产业化推广应用"获得一等奖。

2019年，农机化科技创新平台不断完善。中国农业大学国家保护性耕作研究院、青岛智能农业机械研究院相继成立、国务院批复将"南京白马国家农业科技园区"建设为"江苏南京国家农业高新技术产业示范区"，以绿色智慧农业为主题，重点推进农业智能装备制造技术发展。为进一步推进农机化信息化工作，由农业农村部农机化管理司组织、农业农村部南京农业机械化所牵头开发了"全国农机化科技信息交流平台"（http：//www.njhkj.net/），可实现多个创新资源的开放共享和大数据统计与配置决策功能，成为全国农机化科技工作者之家、科技成果展示转化的重要枢纽、智能化农机技术推广的主渠道。

农机科研人才队伍建设取得新进展。2019年，全国农机化科技创新战略咨询专家组，按照农机化生产的关键环节，组织开展系列调研培训活动40余次，制定和完善机械化作业规范和技术标准63项，牵头召开国内外学术交流会议30余次，形成了10份专业领域科技发展报告；专家组7名成员当选"中国农业机械化发展60周年杰出人物"，其中包括4名专家组组长，分别为：综合组组长罗锡文院士、农机化信息化专业组组长赵春江院士、收获机械化专业组组长胡志超研究员和农产品干燥贮藏与加工专业组组长应义斌教授；主要农作物生产全程机械化推进行动专家指导组，聚焦九大作物，编制了《主要农作物全程机械化生产模式》。

农机化新技术推广不断取得新突破。在农业农村部公布的"2019年十大引领性农业技术"中，农机占一半，包括玉米籽粒低破碎机械化收获技术、油菜生产全程机械化技术、大豆免耕精量播种及高质低损机械化收获技术、北斗导航支持下的智慧麦作技术和棉花采摘及残膜回收机械化技术。其中玉米籽粒低破碎机械化收获技术是继去年入选十大引领性农业技术后，今年再次入选。农机领域中，玉米密植高产全程机械化生产、黄淮海夏大豆免耕覆秸机械化生产、油菜机械化播栽与收获、花生机械化播种与收获、全程机械化植棉、茶园全程机械化管理、茎叶类蔬菜全程机械化、根茎类中药材机械化收获、农田残膜机械化回收、稻田冬绿肥全程机械化生产等10项技术列为全国农业主推技术。广适低损油菜分段／联合收获技术与装备、多垄多行花生播种联合作业装备、高效节能粮食干燥关键技术及成套设备、深施型液态施肥机等11项入选"2019中国农业农村重大新技术、新产品和新装备"。

4. 新农机鉴定办法实施

2019年新的农业机械试验鉴定办法（以下简称《办法》）全面实施，简政便利企业申请鉴定，开辟农机创新产品专项鉴定通道，农机企业申请鉴定数量较去年同期大幅增长；新版补贴机具投档平台上线运行，企业投档实现电子化。全国农机试验鉴定信息化平台与补贴机具投档平台全面对接，农机企业申请鉴定、投档更为便利；全天候在线办理补贴软件启用，手机申请补贴APP广泛应用。农机维修执业资格许可全面取消，拖拉机、联合收割机牌证管理便民化措施加快落地，农民购机用机环境优化。农机工业加快结构调整、技术升级，新产品研发生产步伐加快，拖拉机、联合收割机等传统主流产品加快淘汰落后产能，行业集中度得到提升。

在《办法》和工作规范发布后，总站制定发布了《国家支持的农业机械推广鉴定实施细则》《全国农机试验鉴定管理服务信息化平台信息管理办法》《国家支持的农业机械推广鉴定任务计划管理办法》和《国家支持的农业机械推广鉴定证书发放办法》等一系列配套制度文件。各省农机鉴定机构也组织对相关配套制度文件进行制修订，内蒙古、黑龙江、江苏、山东、河南等省（区）均制定发布了本省农业机械试验鉴定实施细则等相关制度，保证了鉴定工作顺利过渡和依法依规开展。新《办法》对原有农机试验鉴定工作制度、管理机制、鉴定大纲内容等都进行了较大幅度的调整，鉴定机构根据新的要求，转换原有技术体系。包括组织对原部级推广鉴定大纲和部分省级推广鉴定大纲向推广鉴定大纲转换工作；根据新发布的推广鉴定大纲及时开展检验资质转换，并申报能力扩项，及时发布鉴定产品种类指南，修订农机试验鉴定相关工作程序及鉴定报告编写规则等操作层面的技术文件等。新《办法》发布后，部农机化司向社会各界介绍了农机鉴定改革背景、内容及贯彻落实等有关情况，并举办了农业机械试验鉴定工作培训班，对贯彻落实农机试验鉴定新制度进行了部署。部总站召开全国农业机械试验鉴定和农机化质量工作改革贯彻落实会，组织全系统贯彻落实农机鉴定改革新要求，并先后组织农业机械推广鉴定管理制度培训班和研讨会议，解决新制度贯彻落实过程中出现的问题。天津、河北、内蒙古、黑龙江、江苏、浙江、广西、新疆等多省（自治区、直辖市）也分别组织农机鉴定制度相关宣贯培训活动，促进了社会各界对农机鉴定新制度的了解。通过宣传培训，努力推动农机试验鉴定改革成果落地，提高社会对农机试验鉴定工作的认知和支持。

通过新的办法为新产品提供一个"短、平、快"的鉴定渠道，使产品更加方便，更加便捷的投入市场，享受国家的补贴。农业农村部决定，将农机鉴定纳入部政务服务大厅集中统一办理，选派了进驻人员，明确了工作流程。总的来看，新的鉴定制度有条不紊推进，过渡平稳，需求旺盛，期间发现的一些问题都及时进行了研究解决，鉴定工作更加高效便捷。据不完全统计，2019年共接收国家支持的（部级）推广鉴定申请3668个，受理立项2208个；发布六批国家支持的（部级）推广鉴定结果通报、一批撤证通报和一批证后监督结果通报；颁发证书1778张，其中部级农业机械推广鉴定证书719张，农业机械试验鉴定证书1059张；对355张证书换发部级农业机械推广鉴定证书，撤销农业机械推广鉴定证书210张，注销部级农业机械推广鉴定证书116张，部级农业机械推广鉴定证书补发1张，对55个产品变更所属品目，推动了试验鉴定依法规范稳步发展，为农机购置补贴政策实施和农机化发展提供了有力的技术支撑。

5. 农机安全生产形势

2019年，各级农业农村部门及农机安全监理机构认真贯彻落实党中央、国务院关于安全生产工作的决策部署，以"平安农机"创建活动为抓手，落实安全生产责任，强化隐患排查整治，加大宣传教育力度，农机安全生产形势持续向好。但是一些地方仍有事故发生，安全意识淡薄、农机安全状况差、变型拖拉机淘汰缓慢等问题还不同程度存在，对农机安全生产造成威胁。

2019年，全国累计报告在国家等级公路以外的农机事故351起、死亡49人、受伤87人、直接经济损失569.4万元。与上年相比，以上四项指标分别下降了37.7%、33.8%、33.6%和20.7%。其中：拖拉机事故128起、死亡20人、受伤32人，分别占36.5%、40.8%和36.8%；联合收割机事故201起、死亡20人、受伤46人，分别占57.3%、40.8%和52.9%；其他农业机械事故22起、死亡9人、受伤9人，分别占6.2%、18.4%和10.3%。

事故发生的主要原因是驾驶员操作失误，造成事故225起、死亡20人、受伤45人，分别占64.1%、40.8%和57.7%。事故中存在违规行为的比例较高，其中涉及无证驾驶事故75起、死亡25人、受伤32人，分别占21.4%、51%和36.8%；涉及无牌行驶的事故52起、死亡21人、受伤26人，分别占14.8%、42.8%和29.9%；涉及未年检的事故75起、死亡33人、受伤32人，分别占21.4%、67.3%和36.8%。

据公安部门统计，2019年，全国共接报拖拉机肇事造成人员伤亡的道路交通事故1867起，致699人死亡、1819人受伤，直接财产损失582.3万元。与2018年相比，事故起数减少328起，下降14.9%；死亡人数减少130人，下降15.7%；受伤人数减少371人，下降16.9%；直接财产损失减少116.1万元，下降16.6%。发生较大以上道路交通事故7起，同比减少8起。

拖拉机道路交通事故中，涉及无牌行驶的占56%，其中，广西、安徽、湖北、

各种烘干机累计销售 8 519 台，同比下滑 22.77%。

2019 年拖拉机、收获机、插秧机市场到打捆机、青饲料收获机等农机市场进一步向大型化、智能化方向快速推进。200 马力（150 kW）以上拖拉机截至 11 月份，销售 8000 余台，同比大幅度攀升 131.65%；水稻收获机喂入量 6kg/s 同比增长 30.77%，5 行玉米收获机同比增幅也高达 31.71%。大型翻转犁、大型播种机、大型青饲料收获机等市场也同比也出现不同程度的大幅度攀升。

持续低迷的农机市场，对农机流通行业造成巨大冲击，许多经销商举步维艰，行业加速洗牌。市场调查显示，八成以上的经销商主营业务收入同比出现不同程度的下滑，平均降幅在 20% 左右。与新机销售市场冷冷清清形成鲜明对照是二手农机市场渐入佳境。山东郯城分布着近 200 余家二手农机经销商。二手农机市场经营范围广、价格低，很多二手农机使用年限不过一年或两年，与新机子差距较小，吸引了不少全国各地用户购买。

7. 丘陵山区农田宜机化

丘陵山区是我国乡村振兴战略实施的重要区域，然而根据农业农村部南京农业机械化研究所张宗毅研究员主持的 2019 年全国丘陵山区农业机械化水平摸底调查课题表明：2018 年全国丘陵山区县耕种收综合机械化水平为 46.87%，比全国平均水平低 21.92 个百分点，比非丘陵山区低 33.87 个百分点。假如全国其他地区耕种收综合机械化水平达到 100%，丘陵山区县停步不前，则全国农业耕种收综合机械化水平最多达到 81.41%，无法实现至 2035 年全国基本实现农业现代化的战略目标。

为此，国家高度重视丘陵山区农业机械化水平的发展，2018 年国务院发布了《关于加快推进农业机械化和农机装备产业转型升级的指导意见》（国发〔2018〕42 号，后简称"42 号文"）中就对丘陵山区农业机械化发展目标和具体举措提出了明确要求。

为贯彻落实 42 号文，2019 年农业农村部从农田"宜机化"改造和农机研发推广两方面进行了推进。在农田"宜机化"改造方面，一是在制定"十四五"高标准农田建设规划时将农田"宜机化"纳入高标准农田建设指标；二是印发《丘陵山区农田宜机化改造工作指引（试行）》并成立《全国丘陵山区农田宜机化改造工作专家组》，以指导各地推进丘陵山区农田宜机化改造工作；三是对丘陵山区农业机械化水平和不同地形地貌耕地分布情况进行了全面摸底调查，并计划在 2020 年继续对丘陵山区农机化水平及农田"宜机化"进展进行监测。在农机研发推广方面，一是加强政策扶持，在优化补贴机具种类范围过程中对微耕机、耕整机、田间管理机等小型机具品目予以保留，同时积极支持丘陵山区省份开展农机新产品购置补贴试点工作，一些省份还利用地方财政资金对丘陵山区农机具进行累加补贴；二是研究制定丘陵山区优势特色农产品生产机械化技术及装备需求目录，引导企业和科研院所积极研发推广适用于丘陵山区的农机装备和技术。

各地在推进丘陵山区农业机械化方面，重点从农田"宜机化"改造方面取得了新进展。如重庆市 2014 年以来持续推动农田"宜机化"改造工作，截至 2019 年年底累计完成 30 万亩农田"宜机化"改造，其中 2019 年新增面积高达 8 万亩，2019 年还在地方法规《重庆市农业机械化促进条例》中首次写入了"宜机化"内容，重庆的农田"宜机化"改造工作取得了巨大的经济社会效益，为其他省份提供了样板。山西省针对丘陵山区农田地块小、坡度大，大型机具进地难、作业难的实际，在全省 11 个市的 15 个县（市、区）实施丘陵山区农田宜机化改造，试点面积 8 000 亩。安徽、江苏、福建、广东、湖南、湖北、吉林等多个省份也都纷纷将支持丘陵山区农田宜机化改造的内容写入本省的《关于加快推进农业机械化和农机装备产业转型升级的实施意见》中。

8. 优势特色农产品机械化

从种植业看，拖拉机、联合收割机等传统大宗机具补贴资金使用占比稳中趋降，马铃薯、花生、油菜种植和收获机械以及棉花、甘蔗收获机械等特色产业、薄弱环节机具需求快速增长。从机具类型看，大型、高效、绿色化趋势明显。如深松整地、免耕播种、畜禽粪污资源化利用等机具需求快速增长。从产业领域情况看,当前我国种植业机械化水平较高,而畜牧业、渔业、设施农业和农产品初加工业机械化水平较低,这些领域长期以来是机械化发展的弱项,特别是产业比重较大的畜牧业,其养殖机械化率仅为33%,不到主要农作物机械化率的一半。目前畜牧业、渔业、农产品初加工业机具补贴资金占比虽然较小,但增长势头明显。其中农产品初加工机具补贴资金用量近三年翻了一番。

为深入贯彻《国务院关于加快推进农业机械化和农机装备产业转型升级的指导意见》(国发〔2018〕42号)精神,促进农业机械化全程全面高质高效发展,推动解决优势特色农产品生产"无机可用""无好机用"问题,2019年农业农村部农机化司会同农业农村部农业机械化技术开发推广总站、农业机械试验鉴定总站,组织各地开展了优势特色农产品机械化生产技术装备需求调查工作。

全国各级农机推广机构的近3万名专业技术人员,深入所有农业县主要种养大户、农民合作社和农业企业进行了实地调查。通过调查掌握各优势特色农产品主产区现有种养规模、机械化生产规模、机具型号与数量、存在的问题与建议,以及还需机具型号、数量、基本性能要求、需求程度等,此次调查基本摸清了规模种养区域、面积(养殖量)、关键环节技术与机具缺口和下一步研发推广重点等情况,形成了蔬菜、林果、茶叶、杂粮、中药材、青贮玉米、牧草、畜禽养殖和水产养殖等9类农产品在内的机械化生产技术装备需求目录。需求目录主要包括优势特色农产品规模种养数量及区域分布、关键环节机具种类及数量需求和关键环节急需机具主要性能需求等3方面的信息。

实地调查以能基本反映当地机械化生产实际情况和需求展望为目标,瞄准了当地主要优势特色品种、种养大户、重点环节、急需技术与装备。因此,需求目录基本能够反映农业生产实际需要,对于引导农机企业、科研院所加快研发农民急用、产业急需、适销对路的技术装备,推动农机工业供给侧结构性改革，进一步增加有效供给，促进优势特色农产品生产机械化，助力产业发展和农民增收具有重要意义。

2019 年，养殖业、设施农业、农产品初加工等领域机械化需求强劲，农机装备创新应用步伐加快。养殖业、大宗经济作物、果菜茶生产机械等特色小众产品产销较快增长，1–5 月份畜牧养殖机械企业主营业务收入同比增长 20.31%、利润同比增长 80.33%，远高于行业整体水平，保鲜、畜禽粪污资源化利用、果园运输等方面设备加快增长。标准化设施大棚补贴试点展开，设施大棚建造趋于大型化和宜机化，设施育苗、设施内运输、水肥一体化、信息化监测等装备加快运用，设施农业机械化迈出新步伐。丘陵山区农田"宜机化"改造在西南、华北等多个省份落地实施。搭载动力换挡的 200 马力（150 kW）级拖拉机技术实现产业化；水稻插秧机制造技术突破发达国家垄断；采棉机主要依赖进口的局面改变，3 行普及型技术、6 行采摘与成模智能型产品加速应用；国产甘蔗联合收割机制造技术进一步熟化；养殖装备技术储备日益丰厚，产能持续提升。

畜牧业机械化方面，加快试验鉴定进度，扩展补贴范围，加大补贴支持力度，支持畜牧机械加快推广应用。畜牧机械装备需求调查提出了饲喂、粪污处理、畜禽产品采集加工、饲料加工等 4 类畜牧机械数量和性能需求。加快试验鉴定步伐，制定了 15 项新的畜牧机械推广鉴定大纲，畜牧机械产品鉴定大纲达到 45 项，基本涵盖了畜牧业生产全过程的装备种类。围绕畜禽粪污资源化利用、生猪生产等畜牧装备需求，对生猪生产所需的自动饲喂、环境控制、疫病防控、废弃物处理等装备实行应补尽补，全年使用中央资金 1.8 亿元补贴相关机具 7.6 万台套。目前，我国畜牧机械保有量达到 780.95 万台，六大主要畜种规模养殖装备保有量原值超过 2 585 亿元，约占农业机械原值的 27.5%。

布局建立了"设施农业学科群"重点实验室，建设了生猪、蛋鸡、牧草全程机械化科学实验基地，组建"畜禽养殖工程专业组""秸秆处理和饲草料机械化专业组"等科技专家团队，初步构建了畜牧机械科研和推广应用体系。

我国设施农业规模连年扩大，产品种类日益丰富，产业效益持续提升，已成为设施农业第一大国。但也面临设施装备总体水平不高、机械化程度低、生产成本攀升、废弃物处理利用难等问题。要加快提升机械化水平，有效降低生产成本、提高产出水平和经营效益，并为废弃物处理及资源化利用提供技术装备支撑。

9. 农机化扶贫

（1）全国扶贫取得显著成就

20世纪80年代中期，我国开始实施有组织、有计划、大规模的扶贫开发，取得了显著成就。在消除贫困方面，我国已经探索出了一条中国特色扶贫开发道路。全党全国全社会以习近平关于扶贫工作的重要论述为根本遵循，奋力攻坚，脱贫攻坚战取得了决定性进展，创造了历史上最好的减贫成绩。

脱贫攻坚任务接近完成。我国脱贫攻坚取得了举世瞩目的成绩，贫困人口从2012年9899万人减少到2019年年底551万人，贫困发生率由10.2%降至0.6%，区域性贫困基本得到解决。

贫困群众收入水平大幅提高。自2013年至2019年，832个贫困村农民人均可支配收入由6079元增加到11567元，年均增长9.7%。全国立卡建档贫困户人均纯收入由2015年的3416元增加到2019年的9808元，年均增幅30.2%。

贫困地区基本生产生活条件明显改善。具备条件的建制村全部通硬化路，村村都有卫生室和村医，10.8万所义务教育薄弱学校的办学条件得到改善，农网供电可靠率达到99%，深度贫困地区贫困村通宽带比例达到98%，960多万贫困人口易地扶贫搬迁摆脱了"一方水土养育一方人"的困境。贫困地区群众出行难、用电难、上学难、看病难、通信难等长期没有解决的老大难问题普遍解决，义务教育、基本医疗、住房安全有了保障。

贫困地区经济社会发展明显加快。贫困地区特色产业不断壮大、产业扶贫、电商扶贫、光伏扶贫、旅游扶贫等较快发展，贫困地区经济活力和发展后劲明显增加，通过生态扶贫、易地扶贫搬迁、退耕还林还草等，贫困地区生态环境明显改善，贫困户就业增收渠道明显增多，基本公共日益完善。

（2）脱贫攻坚农机化系统在行动

农机系统在农业农村部农业机械化管理司的统一部署下，深入学习习近平总书记关于扶贫的重要论述，将农业产业扶贫作为贫困的确乡村振兴的第一要务。在扶贫机制上创建"1+2+1+N"的协作机制，即一司（农业机械化管理司）、两站（农机鉴定总站、农机推广总站）、协会（中国农业机械化协会）加社会农机爱心企业的方式。充分发挥农机系统的资源优势，全方位的推动脱贫攻坚各项任务落地生根。

精准扶贫，找准切入点

2019年4月到6月，农业机械化管理司针对贫困地区所在的丘陵山区农机化发展展开全面调研。深入了解贫困地区农业发展制约因素，形成专题调研报告，并制定了应对策略。6月，根据贫困地区需求向社会募集农业机具，捐赠给贫困地区并指导当地组建农机作业服务社。

扶贫扶智，增加造血能力

围绕贫困地区主导特色农业产业，针对机械化生产的重点和需求，组织农机化技术专家赴相关地区开展机械化培训。对于具备条件的地方，组织县、乡、村，合作社，龙头企业等脱贫带头人及种养大户参加技术培训、行业展览及相关会议。指导开展农机作业服务和作业组织建设，帮助贫困地区提升长期稳定收益能力，带动促进当地农民学技术开展技术结对帮扶。

政策支持，助力当地发展

在农业机械化管理司的指导下，贫困县所在省份农机化主管部门，在农机购置补贴以及示范项目资金、农机深松整地作业补助等任务安排上向贫困地区倾斜，尽最大程度的满足当地农业发展需求。

（3）农机化协会助力脱贫攻坚

中国农业机械化协会作为全国性行业社团始终把提升贫困地区产业脱贫增收视为己任。

回访贫困村

为促进西部贫困地区农机化发展，帮助贫困地区脱贫增收。2017年6月，协会联合甘肃省农业机械质量管理总站、山东省农业机械试验鉴定站在甘肃省永登县通远乡团庄村，组织开展了"牵手贫困村，助推机械化"农业机械定向捐赠活动。2019年4月，协会对团庄村进行回访。经过两年的发展壮大，合作社目前拥有大中型农机具20多台（套），可以开展深松整地、犁耕、旋耕、铺膜、播种等机械化作业，一年多来共作业了2万多亩。截至2018年年底，团庄村正式脱贫摘帽，其中农机合作社的贡献功不可没。

助力"三区三州"脱贫攻坚

经部农业机械化管理司统一安排，协会组织行业专家、爱心农机企业多次赴四川贫困地区对当地的真实状况进行实地了解，就该地区脱贫致富过程中的困难进行调研分析。2019年3月，协会面向行业发布了"情系'三区三州'，爱心农机助力脱贫攻坚"公益募捐倡议书，得到了会员单位、社会各界的广泛响应。15家企业奉献爱心，为昭觉、红原、理塘三县共捐赠了83台（套）价值近150万元的机具；协会在自有资金有限的情况下，出资购买了50台电动牛奶分离机赠送给当地贫困家庭，为当地贫困家庭农牧业生产提供了有力保障。

总结经验做法，巩固扶贫成果

中国农业机械化协会发挥行业优势，积极开展农机化扶贫行动，得到行业的广泛响应和大力支持。2019年10月17日，第十七届粮油展期间，由民政部社会组织管理局主办的首届"全国性粮农类社会组织产业扶贫对接活动"在安徽合肥隆重举办。中国农业机械化协会与12家全国性粮农类社会组织通过图文展示了扶贫成果，与20家全国性粮农类社会组织共同发起"履行社会责任，助力脱贫攻坚"全国性粮农社会组织扶贫攻坚倡议书，大会授予协会突出贡献表彰证书。

引进无人机播种新模式

2018年5月中旬，协会随农机化司扶贫调研组赴贫困县红原县进行调研，发现当地山坡饲草地进行草籽补播作业成为一大难题，制约了当地畜牧业发展。协会与农用航空企业联合筹划，尝试摸索着利用无人机播种草种。2019年3月，当地农机管理部门推荐的4名农机手，在协会的组织下通过了系统培训，掌握了农用无人机驾驶技术并结业。4月25日，在四川省红原县深度贫困地区举行的"万亩草籽飞播作业启动仪式"，正式开始了无人机草籽播撒技术的试验演示。

以科学管理技术支持贫困地区农牧发展

通过多次与红原县对接情况、实地考察农牧业发展现状，协会针对红原县农牧机合作社机械配置不合理的现状进行调研分析，组织相关专家充分考虑牧区草种种植情况、土壤地质、气象等情况，提出不同规模合作社机械化配置方案，最大限度的引导当地农牧机合作社优化资源配置和发展，同时也为牧业地区农业管理部门提供科学的参考依据。

联合举办脱贫带头人培训班

中国农业机械化协会联合山东农业大学分别在新疆石河子、北京、山东泰安等地举办精准施药技术与装备应用向南发展高级研修班、北斗导航精准农业向南发展高级研究班、和扶贫工作重点村支部书记和创业致富带头人培训班，组织贫困地区人员参加设施农业产业大会。中国农机化协会以自有资金承担了这些学员参加培训的费用。

开展农机化扶贫是中国农机化协会落实部党组扶贫工作总体要求的具体行动。协会积极行动，发挥优势，协调配合，完善机制，扶贫工作取得了良好效果，为脱贫攻坚战做出应有的贡献。

10. 农机合作社及农机社会化服务

国务院印发《关于加快推进农业机械化和农机装备产业转型升级的指导意见》（国发〔2018〕42号）就发展农机社会化服务提出了一系列创新政策。

比如建设一批"全程机械化＋综合农事"服务中心，有效打通农业综合服务"最后一公里"；支持农机服务主体及农村集体经济组织按规划建设区域农机维修中心，建立健全现代农机流通体系和售后服务网络，加快推广应用农机维修诊断信息化服务平台等。这些政策指向明确、措施实化、扶持有力、含金量高，为提升农机社会化服务增添新动能。

农机社会化服务快速发展，规模和能力持续提升。农机化作业服务组织总量稳定增长，规模化、专业化组织发展迅速。全国农机服务组织达19.2万个，较上年同比增长2.2%。其中，拥有农机原值50万元（含50万元）以上的达5.4万个，同比增长15.2%，占农机服务组织总数的比例由24.9%增长到28.1%；农机户规模保持稳定，户数和年末人数分别达4 080.36万个、5 132.75万人，其中农机作业服务专业户和年末人数分别为440.9万个和610.5万人。农机服务收入达到4717.8亿元，其中农机作业服务收入353.38亿元。开展万名农机合作理事长和农机大户轮训，积极发展"互联网＋农机服务""机农合一""全程机械化＋综合农事服务"等专业性综合化新型服务主体和服务模式加快发展。在各类新型农机社会化服务组织共同作用下，农机跨区作业服务面积减少至3.11亩，减少6.3%。

农机合作社规范提升，"全程机械化＋综合农事"服务中心建设显成效。2019年中央一号文件提出，开展农民专业合作社规范提升行动。中央农办、农业农村部等11部委联合印发了《关于开展农民合作社规范提升行动的若干意见》（中农发〔2019〕18号）（以下简称《意见》）。《意见》从完善章程制度、健全组织机构、规范财务管理、合理分配收益和加强登记管理等五个方面对农民专业合作社规范提升作出明确规定。为推动农机合作社组织创新、模式创新和业态创新，农业农村部组织开展了"全程机械化＋综合农事"服务中心典型案例征集活动。经过广泛征集和评审，公布了70家办社时间长、入社成员多、综合实力强、带动范围广的农机合作社典型案例。典型案例总结了一批可复制可推广的做法经验，树立了示范标杆，有效推进了农机社会化服务提挡升级。农机合作社是农民专业合作社的重要组成部分，全国注册登记农机合作社达 7.26 万个，同比增长 6.8%，占农机服务组织总数的比例由 36.3% 增长到 37.9%，拥有农机原值 100 万元（含 100 万元）以上的农机合作社达 2.6 万个，全年农机合作社作业服务面积超过 7.8 亿亩。

各地多举措推动农机服务主体快速发展。进一步落实国务院"放管服"改革要求，各地农机化主管部门通过宣贯行业标准、培训从业人员、建立投诉渠道、开展联合执法检查和安全生产督导等多种形式加强事中事后监管、规范维修服务行为，保障消费者合法权益。各地积极争取政策资金扶持农机社会化服务组织发展。浙江统筹安排农机购置补贴、报废补偿以及农机化促进工程项目资金建成"2+N"农机综合服务中心 135 个，农用植保飞防组织 26 家，一级农机维修中心 10 个、二级农机维修中心 40 个。2019 年，安徽安排 1280 万元计划建设 128 个综合性全程农事服务中心。江西、福建、湖北、陕西等省连续多年安排专项资金支持合作社机库及维修中心建设。江苏张家港、常熟、湖南长沙等市县通过考核在册农机维修点的服务能力和服务满意度给予 2 万 ~6 万元奖励补贴。

11. 团体标准

2019 年，根据全国标准信息公共服务平台统计，共发布 79 项农业机械方面的团体标准，其中，中国农业机械化协会发布团体标准 22 项，中国农业机械学会发布团体标准 22 项，中国农业机械工业协会发布团体标准 24 项。

中国农业机械化协会自 2017 年 1 号团体标准发布以来共立项 68 项标准，2019 年新立项 19 项标准，审批发布 22 项。分别在农用航空、畜禽养殖、设施农业、植保等领域初步建立了团体标准体系。2020 年，新立项的 20 个标准将主推设施农业、保护性耕作等方面的内容。

2019 年，农机化协会发布的植保无人飞机 9 大项系列标准分别从术语、分类与型号编制规程、安全操作规程、农药使用规范、作业质量、云系统接口数据规范、电磁兼容性试验方法、驾驶员培训要求和运营人要求等方面，全面规范了农用无人植保飞机的操作和使用规范，内容全面，针对性强，及时填补了植保无人飞机在国家和行业标准中的空白，解决了植保无人飞机企业和使用者无标准可用的问题。

2019 年，农机化协会发布的《挤奶设备安装质量评价技术规范》等五项畜牧团体标准和《太阳能相变蓄热型日光温室设计规范》等四项设施农业团体标准，吸收和借鉴国际最佳试验方法，加强与国内高等院校和管理部门的合作，开展标准化课题项目研究，有效促进市场向更加健康、有序的方向发展。

目前，社会团体发布的团体标准多数由行业领军企业或专业机构牵头起草，引导市场规范管理，推动标准有效落地，贴近行业发展热点，督促行业自律和服务水平的提升。经过实践的考验，受到管理部门、检测部门和会员单位极大的采信，采信度较高的团体标准将升级为国家标准或行业标准，同时也进一步为国家相关部门制定国家标准和行业标准起到试验的先锋作用。团体标准建设不仅仅是给行业补充几个急需的标准，更深远的意义是丰富了农机化标准体系的构架。

团体标准发布后的使用情况也是行业关注的重点。农机化协会发布的《农机深松作业远程监测系统技术要求》等团体标准，得到各省农机部门和行业企业的采信。例如：为了保证农机田间作业远程监测的顺利实施，增强农机作业监测能力，提升农机作业质量发挥显著的促进作用，农机化协会根据《农机深松作业远程监测系统技术要求》团体标准先后三次开展农机田间作业远程监测系统推荐活动，在会员之间架起信息共享、交流、合作的平台，推荐结果得到多个省（自治区）采用，使团体标准为行业提供了更加优质的服务。

12. 农机展会动态

2019 年，受国内政策和社会环境影响，我国农业机械展会在去年的基础上，有了进一步发展。展会规模、参展企业和专业观众数量较去年有所增加。农业机械展会依然保持增长态势，达到一个新高点。

据不完全统计，2019 年度全国农业机械类展会（包括含有农业机械板块的农业展会）数量约 35 个，同比增长 9.3%。其中，地方农业机械展会约 15 个，全国和区域性性展会约 20 个。展会的举办时间主要集中在 3 月份和 11 月份。

近年来，随着我国农村人口不断减少，从事农业生产的人员严重不足，有些地区甚至出现了用工荒，劳动力成本逐年递增，迫使农业合作社和种植大户购买农业机械进行农业生产。由于需求拉动，农业机械展会呈现递增趋势。

总体来看，2019 年我国农业机械展会上了一个新台阶，展会组织单位加大了招商招展和专业观众的组织力度和资金投入，积极推进市场化运作，加强展会品牌化培育，借助专业的团队力量，办展水平和服务能力得到进一步提升，逐步拉近了与发达国家的距离。但是在交通物流、配套设施、展会服务等方面都仍然存在一定差距，这是应该重点关注和尽快解决的问题。

2020 年，突如其来的新冠病毒肺炎，扰乱了人们的正常生活，对展会更是巨大的冲击。2020 年上半年展会全部延期至下半年举办。最终能否全部如期举办，还要视疫情发展，以及国家对举办展会的政策而定。预计 2020 年农业机械展会数量将出现下滑局面，行业依赖展会平台发布信息，宣传产品，开展技术交流需求的基本面没变。

13. 畜牧业机械化

畜禽养殖机械化水平快速提升。2019 年，中央财政农机购置补贴畜牧养殖机械和畜禽废弃物资源化利用设备的资金近 2 亿元，新增各类机械近 8 万台（套），其中，新增饲料（草）加工机械设备 7 万多台（套）、饲养机械 4 000 多台（套）、畜产品采集加工机械设备 300 多台（套）、畜禽废弃物资源化利用设备 3000 多台（套）。

目前，我国畜禽养殖业快速向规模化、标准化发展，规模养殖的机械化程度进一步提升。奶牛养殖机械化在畜禽养殖机械化领域中呈现引领状态，奶牛养殖的主要环节基本实现机械化，并且正处于从传统机械化向自动化、信息化、智能化升级过程中。猪鸡规模养殖机械化装备标准化、成套化特点显著，智能化环控设备、高效消洗设备行业需求量迅速提升，高效低耗型产品逐步替代传统产品。在粪污处理环节，规模化养殖场内处理设施与装备得到广泛应用，已基本实现机械化替代人工。2018年全国畜禽粪污综合利用率和规模养殖场粪污处理设施装备配套率均已达到74%，大型规模养殖场粪污处理设施装备配套率达到86%，病死畜禽无害化处理体系不断健全，畜禽养殖废弃物资源化利用取得积极成效。

农机购置补贴导向作用明显。畜禽养殖机械补贴产品范围进一步扩大。在《2018—2020年农机购置补贴实施指导意见》中已包括19种畜禽养殖的基础上，2019年进一步落实《农业农村部办公厅关于加快推进畜禽粪污资源化利用机具试验鉴定有关工作的通知》（农办机〔2018〕29号）的具体要求，在农机购置补贴种类范围新增加了有机废弃物好氧发酵翻堆机、畜禽粪便发酵处理机、有机肥加工设备、有机废弃物干式厌氧发酵装置等4个畜禽粪污资源化利用机具品目。

产品补贴力度持续加大。按照《农业农村部办公厅关于加大农机购置补贴力度支持生猪生产发展的通知（农办机〔2019〕11号）》的要求，将全国农机购置补贴机具种类范围内的所有适用于生猪生产的机具品目全部纳入补贴范围，将生猪生产中急需的自动饲喂、环境控制、疫病防控、废弃物处理等农机装备实现应补尽补。目前，享受农机购置补贴的畜禽养殖机械产品既涉及猪、鸡、牛等主要畜牧品种，也涵盖到饲料加工、饲喂、粪污收集和资源化利用等关键性生产环节。

畜禽养殖机械化生产技术装备需求更加明确。农业农村部发布了《全国优势特色农产品机械化生产技术装备需求目录（2019）》，使鉴定与补贴更具目标导向和问题导向。明确供给重点是补足当前畜禽机械化养殖的饲养、畜禽产品采集加工、饲料加工环节机具缺口，即饲养机械38.4万台（其中，饲喂饮水机械17.9万台套，粪污处理机械15.3万台套），畜禽产品采集加工机械14.2万台套（其中，挤奶机械5.5万台套，剪毛机械5.6万台套，捡蛋机械3万台套），饲料加工机械9.6万台套。

畜禽养殖机械推广鉴定体系不断完善。一是提高畜禽养殖机械推广鉴定

大纲覆盖面。2019 年，农业农村部发布两批次共 235 项农业机械推广鉴定
大纲中，涵盖《NY/T1640—2015 农业机械分类》中畜禽养殖机械大类中的
77% 的品目和农业废弃物利用处理设备大类中的 100% 的品目，实现了对畜
禽规模养殖中主要环节机械装备的全覆盖。二是将具备条件的生猪养殖设备
和畜禽养殖废弃物资源化利用装备全部纳入推广鉴定指南。2019 年共将 7 个
品目的畜禽粪污资源化利用装备列入国家支持的推广鉴定产品种类指南。引
导各地将畜禽养殖装备列入省级鉴定产品种类指南，2019 年共有 8 个品目的
畜禽粪污资源化利用和 3 个品目的生猪生产设施装备被纳入省级鉴定产品种
类指南，保证了畜禽养殖机械装备的鉴定需求。三是加紧畜禽养殖机械试验
鉴定能力建设。支持全国各农机鉴定机构开展畜禽养殖废弃物资源化利用和
生猪生产设施装备鉴定能力建设。目前相关省级鉴定机构已具备 10 项关键畜
禽养殖废弃物资源化利用装备的鉴定能力，生猪养殖设施装备重点省和总站
已经具备 5 项生猪生产装备鉴定能力。四是加快畜禽养殖废弃物资源化利用
装备和生猪养殖设备鉴定。2019 年全国鉴定机构共承担畜禽养殖废弃物资源
化利用装备以及生猪生产装备鉴定项目 172 项，是 2018 年承担项目数的 6 倍
多。全国各级试验鉴定机构的畜禽养殖机械试验鉴定供给能力不断加强，为
畜禽养殖机械补贴工作提供了强有力支撑。

　　试验示范演示及培训力度与规模不断扩大。在全国畜牧业机械化现场会
活动中，组织开展现场试验演示工作，推广先进的畜禽养殖机械产品和技术。
召开畜禽养殖机械鉴定检测技术研讨会，面向鉴定系统开展畜禽养殖废弃物
资源化利用和生猪生产机械化方面的专业培训，稳步推动畜禽养殖机械鉴定
和推广。创设畜禽养殖机械试验示范基地，开展奶牛养殖全程机械化模式研
究，编制畜禽养殖机械科普丛书，制定规模化养鸡场机械装备配置规范行业
标准，强化示范引领。

14. 智能农机发展

农业机械化和农机装备是转变农业发展方式、提高农村生产力的重要基

础，是实施乡村振兴战略的重要支撑。智能农机装备是农业先进生产力的代表，也是促进发展绿色、高效现代农业的重要途径。随着 2018 年 12 月 29 日国务院印发《关于加快推进农业机械化和农机装备产业转型升级的指导意见》（国发〔2018〕42 号）（以下简称《意见》）的发布，明确提出了"促进物联网、大数据、移动互联网、智能控制、卫星定位等信息技术在农机装备和农机作业上的应用"，"推动智慧农业示范应用"从政策层面上看，国家正在积极推动智能农机装备以及农机信息化技术的发展和应用。

2019 年以来，各地各方面认真贯彻落实《意见》精神，各项政策举措加快落实落地，农机化发展稳中求进、进中向好，呈现出加快转型升级的良好态势。河北、安徽、湖北、天津、江苏、山东、吉林、甘肃、陕西、山西、新疆维吾尔自治区、福建、四川、广西壮族自治区、广东等地为落实《意见》的具体实施，结合本省实际情况均提出了具体的实施意见，把推进智能农机装备应用以及"互联网＋农机作业"作为本年度主要工作任务。其中河北省明确提出了"实施智慧农机提升行动"，加快物联网、大数据、移动互联网、智能控制、卫星定位等信息技术在农机装备和农机作业上的应用，建设大田作物精准耕作、智慧养殖、设施园艺作物智能化生产等智慧农机示范基地，到 2020 年建设智慧农场 80 个。2019 年在 13 个县市开展农机合作社"智慧农场"创建，开展拖拉机自动导航系统、卫星平地控制系统、精准播种施肥系统、精准喷药系统、智能测产系统等智能农业装备的应用和推广，河北省积极推动农机信息化技术在深松、深翻、旋耕、秸秆还田、收获等环节应用，从今年开始对开展深松深耕、秸秆还田、机播机收等作业的 1.6 万台机具安装智能监测终端，到 2025 年对 3 万台大中型拖拉机、2 万台小麦联合收割机、1 万台玉米收获机开展智能化改造提升，探索建立集数据化、智能化、可视化于一体的智慧农机作业体系，积极推进与农机工业、种植业、养殖业等相关信息系统互联互通，建设国内一流农机管理服务平台。

"互联网＋农机作业"模式在全国农机深松作业监管过程中逐渐得到普及。2019 年，全国累计投入深松作业机具 20.5 万台（套），共完成农机深松整地 1.4 亿亩，全国农机深松信息化远程监测的作业面积占实际补助面积的 95% 以上。黑龙江、内蒙古、河北、安徽、山东、吉林、辽宁、新疆、湖北、宁夏等多个省（自治区）信息化监测率均达到 100%。作业类型正在由单一的深松作业向深松、翻地、播种、秸秆还田、施肥、打捆、旋耕、插秧、收获、喷药、平地全程作业监管发展。"全程托管""机农合一""全程机械化 + 综合农事服务"等专业性综合化新主体、新业态、新模式正在快速发展，积极发展"互联网 + 农机"服务，创新组织管理和经营机制，进一步提升农机合作社的发展动力和活力。

2019 年，我国农机智能装备的发展已经进入爆发奇点，正迎来全面展开阶段。农业环境监测、温室大棚控制、农机自动导航、激光平地、卫星平地、变量播种（施肥）、变量喷雾控制、联合收割机智能测控、圆捆机自动打捆控制、水肥一体化等为代表的农机智能装备进入快速增长期，已经在实际生产中开展广泛应用，大大提升农业生产效率、提高农产品质量、降低损耗、扩大农业收益。其中农机自动导航系统市场增长迅猛，市场在 2018 年销量 6500 多台，形成了全域性的影响力，2019 年全年市场销量达到 15000 套左右，由于电动方向盘式安装简单、价格低廉、通用性强，今年国内的农机自动导航系统已全面进入电动方向盘时代，国内自动导航产业由市场培育期进入了快速增长期。

为应对人口老龄化带来的农业劳动力短缺、生产成本增长带来的影响，我国农机装备正在向无人化、机器人化方向发展。今年以来多个无人农场示范项目在全国陆续实施，基于智能农业机械、农业物联网、全产业链云平台、行业管理行业组织信息平台技术，实现在规模化农场的耕种管收农业生产全过程无人化，目前，我国正计划分级、分期、分步建立无人农场，以智能化促进农业生产提质、增效、降本、绿色、生态、宜人。5 月 8 日农业全过程无人作业试验 2019 年首站试验在黑龙江北大荒农垦集团总公司建三江分公司红卫农场启动，黑龙江重兴、泰多、山东华盛、丰疆智能等单位组成的 12 支无人化的搅浆、整地、插秧、施肥施药工作团队联合完成了 160 亩的无人作业任务。后续试验项目将在江苏、重庆、新疆、河南、海南等10个省（自治区）展开，建立全国无人农机合作联社，采取农机共享等方式，解决我国农业生产人口老龄化、作业效率低下、作业标准差异化等问题，打造出我国农业生产的新模式。6月11日，在山东省淄博市临淄区朱台镇禾丰种业生态无人农场开展了无人驾驶的拖拉机、小麦收获机、播种施肥一体机、植保无人机、秸秆粉碎灭茬混土还田机等农机装备的无人化作业试验，生态无人农场融合了生物防控、绿色植保、无人机、农业机器人、人工智能、物联网、大数据、云计算等众多高新技术，涉及耕种管收全过程。6月12日，河北省农机部门联合国家农业智能装备工程技术研究中心和省农科院专家团队共同开发的全程无人驾驶智能化作业系统，在赵县姚家庄村试验田成功完成首试。新一代智能作业农机可以更加精准地设定作业路线，最大限度减少农机作业中的重叠和遗漏，显著提高作业质量，增加有效耕地面积。同时，全程无人驾驶系统降低了对农机驾驶员的操作要求，驾驶和操作更加轻松便利，缓解了对高水平农机手的依赖。11月7日，国内首个"5G+智慧农机"创新示范场景在上海崇明区万禾有机农场千亩有机稻田上开展演示，中国一拖、丰疆智能和雷沃重工等国内企业研制的无人驾驶收割机、新能源智能拖拉机、水稻插秧机器人、无人驾驶收割机等新型智慧农机开展无人化精准作业，结合5G网络，智慧农机可摆脱对人的过多依赖，便捷地实现远程1人对多机的操控与管理。

　　中国一拖、中联重科、雷沃重工、三一重工、宗申等传统农机企业纷纷布局智能农机，打造智慧农业。2019年10月中国一拖于牵头在洛阳组建国家农机装备创新中心围绕农机装备关键材料及工艺、核心零部件及元器件、农机装备智能化等领域，建设研发设计平台、中试验证基地、推广应用与成果孵化平台、共性技术服务平台，推进农机装备产业链协同发展。在农机装备核心元器件、核心零部件、农业机器人、智慧农业装备、农机大数据平台等方向取得了阶段性成果。率先研发的超级拖拉机Ⅰ号，承载着"电动化、无人化、网联化"三大任务，是我国发布的首台具备完全自主知识产权无驾驶室纯电动无人驾驶拖拉机，今年年初正式进行田间验证性作业。8月6日与华为技术有限公司签署全面合作框架协议，将在智慧农业、企业信息化、云服务、无人驾驶和 5G 创新应用等领域开展全面合作，推动农业机械行业转型升级。雷沃重工发力精准农业，与百度签署战略合作协议，双方将以实现自动驾驶量产为目标，就农机智慧化展开合作，用 AI 赋能农机制造，共同解决自动驾驶领域的技术难题，共同开启人工智能在农业领域运用的新场景，推进智慧农业的升级发展。8 月 7 日，雷沃重工与华南农业大学合作研制的国内首个主从导航收获机系统在甘肃金昌成功收获小麦，实现粮食收割过程自动化。中联重科发力人工智能，与 Landing.AI 达成合作，高起点跨入人工智能技术领域，在智能制造领域不断开拓进取，其农机产品已经实现了自动驾驶、自动收割、智能烘干等功能，并建有农业装备物联网平台，可实现农机信息及时反馈等远程控制功能，为人工智能技术应用奠定了基础。在今年的中国国际农业机械展览会期间，召开了"AI 中联重科农机新品发布会"，将 AI 人工智能概念引入农业机械领域。

智能农机成为今年备受社会关注的热点，现代农业绿色优质、节本丰产、高效发展离不开智能农机装备，"机器换人"实现的重要一环就是智能农机装备的自动化作业，在自动控制系统作用下，降低人力成本和时间成本，提高农业作业效率，为现代化农业规模化发展打下基础。我国正处于由传统农业向现代农业转型的关键时期，农业现代化进程正出现加速发展态势，物联网、AI、5G 网络、大数据、云平台、机器人等高新技术，正深刻的影响和改变着我国的农业发展，农业生产、经营、管理、政务方式也正在发生深刻的变革。要实现农业生产由粗放型经营向集约化经营方式的转变、由传统农业向现代农业的转变，必须瞄准世界农业科技前沿，大力发展农机信息化智能化等工程科技相关技术，迎接农机智能化、无人化的发展趋势，助推农业现代化。

15. 甘蔗全程机械化

2019 年，据测算甘蔗机耕率将超过 90%；在种植和收获机械化方面也取得进展，机播率、机收率和综合机械化率有望高于去年，机播率 30% 左右，机收率预计接近 3%。

2019 年，广西、云南、广东三大主产区甘蔗生产综合机械化率分别达 60.41%、39.65% 和 46.55%。三省区耕整地机械化率均在 90% 以上；种植机械化率逐年稳步提高，广西已近 60%；收获方面，尽管近两年来我国甘蔗收割机装备制造能力、市场保有量均有明显提升，但固有的糖业利益机制障碍凸显，亟待攻坚突破。2019 年，我国甘蔗全程机械化发展情况可概括如下：

甘蔗机械化收获装备持续改进。重大关键装备甘蔗联合收割机制造骨干企业稳步夯实基础，在制造技术、区域适应性、市场服务等方面持续改进。国产收割机性价比优势明显，甘蔗收割机民族工业基础基本确立。据了解，2019/2020 榨季预计新增联合收获机 300 余台。

甘蔗生产机械化发展区域特点显现。广西、云南、广东等主产区因自然条件、起步早晚、经济水平的差异，决定了甘蔗全程机械化发展呈现出不同的阶段性特点，值得认真总结、相互借鉴。广西已形成对糖企主导作用重要性、土地宜机化改造必要性的广泛共识；在提前完成 500 万亩"双高"基地建设基础上，总结经验教训，着力于生产经营模式的探索和农机农艺的融合。云南继续稳步开展坝地甘蔗生产全程机械化和山地机械化轻简生产技术的试验和示范。广东农垦从机制创新的角度实行原料生产、加工一体化，推进全程机械化发展；广东民营糖企则通过政府、糖企、农机企业多方协作，适度扶持与市场化运作相结合，支持鼓励农机专业合作社发展。

不同主体对发展机械化的需求存在差异。蔗农与糖企对全程机械化需求不同步，尤其是对机收的需求认识尚不同步，部分糖企缺乏推进全程机械化的主动作为，导致机械化推进滞缓。

土地规模化缓慢，影响机械化发展。甘蔗机械化装备尤其是机收大型机械装备适用于较大规模土地连片作业，然而当前各地甘蔗生产仍以单家独户分散经营为主，难以发挥机具效率。土地流转成本高，阻碍了甘蔗连片种植规模，不利于机械作业。

全程机械化技术体系有待健全。研发重点欠突出，支持力度不足，未见重大关键突破，适应未来机械化快速发展的技术储备不足；突破传统落后的小农意识，突破制糖企业与蔗农的利益博弈关系从根本上有赖于固有糖业生产体制的转型，有待市场引导、政府科学决策和糖企的配合，仍须时日。

当前围绕机收为核心的全程机械化生产所面临的问题大多已不是技术问题，更多的是宏观经济背景和系统性的蔗糖生产体制机制问题。

以"全程机械化生产模式"为指引，开展制糖企业为主导的模式示范，以完善技术及运行系统、减轻种植者经营压力为出发点，以产业转型升级和形成新型的糖业利益协调机制为目标，细化、深化模式研究和配套，切实解决全程机械化过程中的系统性、关键性问题。

进一步推进高标准农田宜机化建设，鼓励支持土地流转，发展适度规模经营。鼓励进行农机农艺融合试验示范，集成推广新机具和作业模式，发挥样板示范的辐射效应。

以"机械化品种技术要求"为切入点，促进农机农艺融合技术体系的研究和应用。扩大机具购置和作业补贴、示范推广、人才培训、科学研究与学术交流等财政支持覆盖面。

16. 农村环境治理

2018 年 2 月，中共中央办公厅、国务院办公厅联合印发了《农村人居环境整治三年行动方案》，旨在加快推进农村人居环境整治、进一步提升农村人居环境水平，到 2020 年，实现农村人居环境明显改善、村庄环境基本干净整洁有序、村民环境与健康意识普遍增强。2019 年中央一号文件指出，抓好农村人居环境整治三年行动，全面推开以农村垃圾污水治理、厕所革命和村容村貌提升为重点的农村人居环境整治。推进人居环境整治要从实际出发，坚持因地制宜、分类指导，循序渐进、量力而行，注重同农村经济发展水平相适应，还要同当地的文化和风土人情相协调。

改善农村人居环境，建设美丽宜居乡村，是实施乡村振兴战略的一项重要任务。目前，我国农村人居环境整治取得积极进展，农村卫生厕所普及率达到 60%，90% 以上的村庄开展了清洁行动，农村生活垃圾收运处置体系覆盖 84% 的行政村，农村水电路气房等基础设施建设都实现了历史性变化。

2019 年各部门合力推进农村人居环境整治工作。农业农村部指导各地因地制宜开展农村厕所革命，分三类地区推进农村改厕，提高工作指导精准性。会同国家卫生健康委等部门制定《关于切实提高农村改厕工作质量的通知》，强调各地严把农村改厕"十关"。农业农村部等 18 个部门联合印发《农村人居环境整治村庄清洁行动方案》，提出开展以清理农村生活垃圾、清理村内塘沟、清理畜禽养殖粪污等农业生产废弃物、改变影响农村人居环境的不良习惯为主要内容的村庄清洁行动，集中整治村庄环境"脏乱差"。住房和城乡建设部印发《关于建立健全农村生活垃圾收集、转运和处置体系的指导意见》。生态环境部等 9 部门印发《关于推进农村生活污水治理的指导意见》。生态环境部将农业农村污染治理突出问题纳入中央生态环境保护督察，印发《关于推进农村黑臭水体治理工作的指导意见》《农村生活污水处理设施水污染物排放控制规范编制工作指南（试行）》等。中央财政安排资金支持各地开展农作物秸秆综合利用、畜禽粪污资源化利用试点、农用地膜回收利用相关工作。农业农村部会同有关部门印发了《关于做好 2019 年畜禽粪污资源化利用项目实施工作的通知》《关于促进畜禽粪污还田利用依法加强养殖污染治理的指导意见》《关于进一步做好当前生猪规模养殖环评管理相关工作的通知》。农业农村部、自然资源部、国家发展改革委、财政部等 5 部门印发《关于统筹推进村庄规划工作的意见》，坚持以规划引领，充分利用原有工作基础，指导各地扎实推进"多规合一"的实用性村庄编制规划工作，助推农村人居环境整治。

农业农村部组建了全国农村厕所革命专家智库，编写农村改厕实用技术手册，开展农村改厕技术集成示范试点和专家技术指导服务，举办农村人居环境整治高峰论坛暨农村厕所革命技术论坛和第一届全国农村改厕技术产品创新大赛，启动编制农村户厕建设有关标准规范，举办农村人居环境整治工作培训班。国家卫生健康委员会、农业农村部制定《农村户厕建设技术要求（试行）》，举办农村改厕技术及评价系统培训班。文化和旅游部深入实施《全国旅游厕所建设管理新三年行动计划》。交通运输部安排投资改善农村道路交通。国家林业和草原局举办全国研修班，评价认定国家森林乡村。住房和城乡建设部开展农村住房建设试点；督促各地加快推进非正规生活垃圾堆放点整治，截至 2019 年年底排查出的 2.4 万个非正规垃圾堆放点 82% 已完成整治；指导督促农村生活垃圾分类和资源化利用示范县探索可复制可推广的经验。中央财政通过农村环境整治资金重点支持农村污水综合治理试点等。农业农村部继续支持整县推进畜禽粪污资源化利用，创建国家级畜禽标准化示范场，推进农膜污染治理示范县、秸秆综合利用试点县建设。国家能源局会同有关部门推进生物天然气开发利用。全国农业农村系统加紧落实，主要工作有推进农村生活垃圾治理、开展厕所粪污治理、梯次推进农村生活污水治理、提升村容村貌、加强村庄规划管理等。2019 年国际农机展积极响应国家政策与市场需求，推出了农村人居环境整治与环保设备专区。其中，广泛涉及工程与建设机械、清扫机械、垃圾转运及处理设备、灌排设备、粪污及畜禽养殖废弃物处理利用设备等，为农业机械行业转型升级提出新方向、新趋势。

　　附录部分收录的《2019中国农机化发展白皮书》，是对2019年我国农机化行业发展进行回顾与整理，希望能帮助大家更清楚把握行业的脉搏，增加对专题部分内容的理解。

　　书中收录的300余位农机人，很大一部分是生长在农村，奔波于地头的普通人，千千万万个这样的普通人，推动了农机化发展的滚滚巨轮，他们不显于人前，在岁月长河的流逝中，终会成为浪底沉沙。我们尝试着尽可能多的收录这些普通人，希望多年之后，那些人、那些事依然能被记起，不被湮没。

　　书籍即将出版之际，正逢新冠肺炎疫情发生，这次新冠肺炎疫情，是新中国成立以来在我国发生的传播速度最快、感染范围最广、防控难度最大的一次重大突发公共卫生事件。全国人民万众一心，齐心协力共渡难关，中国农机化协会也积极行动，发出倡议，呼吁全行业坚定不移做好疫情防控工作，同时，利用自有资金购置背负式电动喷雾器，向湖北省部分主要疫区以及四川省部分贫困地区开展无偿捐赠活动。灾难突如其来，面对这一场需要长期坚持的战斗，我们坚信，全国各族人民的团结奋斗，同舟共济，疫情终会过去！感谢阳光出版社编辑部，在疫情防控期间，克服种种困难，让本书能够如期与读者见面。

　　最后，衷心感谢刘宪会长亲自指点，杨林和王天辰副会长时时关注，夏明副秘书长以及协会各位同事大力支持，农机鉴定总站和农机推广总站的领导同事们在素材收集方面提供的很多便利。这一路行来，虽波折不断，但也收获诸多理解与支持，让我身在寒冬，心暖如春，谢谢！

2020 年春

（本书部分图片来源于网络，如果涉及版权请与本出版社联系）

春風楊柳萬千
條六億神州盡
舜堯紅雨隨心
翻作浪青山着
意化為橋天連
五嶺銀鋤落地
動三河鐵臂搖
借問瘟君欲何
往紙船明燭照
天燒

毛澤東詩送瘟神其二
庚子年仲春汪英書

董涵英